¡No SUELTES la CUERDA!

REFLEXIONES Y RETOS PARA LA JUVENTUD

Gilberto Gutiérrez Lucero

419-1254
440-3234

Ave. Vallarta #4506 Col Granjas Chihuahua, Chih. Mex.
www.libreriaagape.com

EDITORIAL MUNDO HISPANO

Editorial Mundo Hispano

Apartado 4256, El Paso, Texas 79914, EE.UU. de A.
www.editorialmh.org

Las citas bíblicas que se utilizaron han sido tomadas de la Santa Biblia: Versión Reina-Valera Actualizada, edición 2006, © copyright 1999 y 2006, Editorial Mundo Hispano. Usada con permiso.

Editores:
Raymundo Aguilar
José T. Poe

Diseño de la portada: Jorge Rodríguez
Diseño de páginas: Gloria Williams-Méndez

Primera edición: 2006
Clasificación Decimal Dewey: 248.832
Tema: Vida cristiana

ISBN:0-311-46190-5
EMH Núm. 46190

3 M 7 06
Impreso en EE. UU. de A.
Printed in U.S.A.

Contenido

Prólogo

He tenido el enorme privilegio de conocer a Gilberto Gutiérrez desde hace unos 25 años, (no pensé que fueran tantos), pero así es. Fue en los pasillos del Seminario Teológico Bautista Mexicano donde ambos estudiamos, y tuvimos la oportunidad de soñar juntos que algún día Dios podría llegar a utilizarnos para grandes cosas. En el caso de mi amado hermano y consiervo, Dios escuchó su clamor, y aunque en ese tiempo soñábamos con cambiar al mundo, y hacer que las cosas en la obra de Dios fueran mucho mejores, no tardó mucho en que Dios comenzara a utilizar la vida de este querido pastor. He sido testigo de la bondad de Dios en su vida, se cómo fue llevándolo de menos a más día con día, ubicándolo como uno de los líderes bautistas más influyentes de México.

Otro punto de contacto que he tenido con Gilberto es que, por la gracia de Dios, hemos sido invitados por la juventud de nuestro país para compartir en varios congresos. Creo que nos llamaban a menudo porque cuando esto comenzó, éramos tan jóvenes y soñadores como cualquiera de edad corta, pero a pesar de que los años han pasado, la influencia de Gilberto en la juventud mexicana ha sido un asunto altamente relevante.

Ver cómo Dios lo usa al identificarse con este importante sector de nuestra sociedad ha sido un deleite. Estoy seguro de que el impacto de sus enseñanzas han dejado honda huella en los cientos y cientos que le han escuchado.

Es para mí un privilegio saber que mi amigo y consiervo ha decidido plasmar en un libro las enseñanzas vertidas durante todos estos años a la juventud cristiana, ya no sólo de México, sino a todos los hispanohablantes. Pido a Dios que utilice la página escrita de Gilberto para que muchas otras generaciones sueñen sueños, y los hagan una realidad como lo veo en la vida de este siervo de Dios.

Luis Gabriel César Isunza
Pastor de PIB Satélite
México

Introducción

Hace unos días, llegó a la puerta de la casa donde vivo un joven de la iglesia que pastoreo. Buscaba a su mamá que se había reunido en uno de los grupos pequeños de la iglesia, pero ella ya se había ido. Yo hubiera querido hablar un poco con aquel joven, pero tenía a una familia esperándome para platicar y orar. Sin embargo, él tenía algo que decirme y se atrevió a hablar. Me dijo:

—Pastor, ya tiré a la basura mis discos.

Se refería a la música de la que él y yo habíamos hablado: rock con influencia satánica. Continuó diciendo:

—Además, tiré unos pases de cortesía de algunos antros.

Yo le felicité por ello, y quedamos de hablar más adelante, pero me sentí insatisfecho por mi reacción; la verdad es que me tomó de sorpresa y no supe exactamente qué hacer. Cuando lo recuerdo, pienso que debí haberlo abrazado, que debí haber gritado de alegría, y tal vez debía haber orado en gratitud a Dios en el acto.

La alegría que me produjo me recordó a otro joven que también fue a la puerta de mi casa años atrás. Eran las dos de la madrugada y me despertó para darme una noticia. Yo le había encargado acompañar a un joven visitante que había ido a la Unión de Jóvenes de la iglesia Asael que yo pastoreaba entonces, en la ciudad de Chihuahua. Me desperté un poco preocupado; pensé que algo grave había sucedido. Cuando abrí la puerta me dijo emocionado:

—"Pas" (así me dicen de cariño los jóvenes), ¡ya cayó!

Yo aún no me despertaba del todo y me espante; le pregunté:

—¿Quién cayó?

Él se refería a la conversión de un joven amigo a quien había evangelizado y había guiado a entregar su vida a Cristo. En plena calle se habían puesto a orar los dos para la salvación de un nuevo creyente. Era su primer hijo espiritual y no pudo esperar un solo día para compartírmelo. El recién convertido, ahora es un importante diácono de una iglesia; el joven que me despertó es un pastor comprometido con el crecimiento de la iglesia. Sueño con el maravilloso futuro del joven que recientemente me compartió su decisión de abandonar la música que le hace daño y los antros.

Todo esto me recuerda el valor, el atrevimiento, la veracidad, la contundencia, y la trascendencia de las decisiones de los jóvenes. Me convertí siendo joven y muy pronto Dios me puso en el ministerio. He sido y sigo siendo predicador, conferencista, consejero y pastor de jóvenes. Por ellos tiene sentido y razón el presente trabajo. "¡No sueltes la cuerda!", es el intento apasionado de un pastor que reconoce que ya no es joven, por compartir con aquellos que sí lo son, la responsabilidad, la visión y la tarea de vivir el reino del Señor Jesucristo con la entrega de la plenitud de la vida.

DEDICATORIA

A la joven que unió su vida con la mía y ahora
es mi esposa, a los jóvenes que conozco desde que
nacieron y me llaman papá, a los que por primera vez
me dijeron pastor, y a aquellos por los que ahora mismo
lucho, vivo y muero para apartar del pecado y
conducirlos por el reino de Cristo.

El joven cristiano

y la huella que deja en el mundo

¡No sueltes la cuerda!

E s sorprendente lo que la gente está dispuesta a pagar por un cepillo para el pelo que, según dicen, usó Marilyn Monroe. Alguien más dio miles de dólares por una guitarra usada por John Lennon. Parece que las cosas usadas por la gente significativa para algunos, adquiere una valor extraordinario. Esto tiene que ver con dejar huella y trascender.

Los cristianos somos seres tocados por el Rey de reyes y Señor de señores. Él nos ha hecho especiales, únicos, y nos ha dado razón para sabernos significativos. Nosotros a la vez tenemos una tarea: Caminar por el mundo dejando huella, tocando gente y ayudando a los demás a ser mejores.

En la Biblia hay personajes que nos impresionan por sus hazañas. Son gente extraordinaria, gente que trascendió, los llamamos "fuera de serie" pero ¿saben una cosa?, esa gente no hubiera sido quien fue, si no hubiera sido tocada por otra gente, y algunos de estos quienes les tocaron, fueron a su vez, gente sencilla. Tomemos el ejemplo del apóstol Pablo, ¿quién no quisiera llamarse como él? ¿quién no llamaría a uno de sus hijos así?, ¿quién no sabe quién fue Pablo? Pero Pablo fue formado por Dios por medio del toque de gente sencilla; veamos en la Biblia este milagro de transformación.

➤ **Esteban:** La huella del testimonio, uno que influye en los demás con un impacto fundamental.

Esteban fue uno de los primeros diáconos de la iglesia que muy pronto inició un fuerte ministerio de evangelización. *Esta propuesta agradó a toda la multitud; y eligieron a Esteban, hombre lleno de fe y del Espíritu Santo, a Felipe, a Prócoro, a Nicanor, a Timón, a Parmenas, y a Nicolás, un prosélito de Antioquía. Presentaron a éstos delante de los apóstoles; y después de orar, les impusieron las manos. Y la palabra de Dios crecía, y el número de los discípulos se multiplicaba en gran manera en Jerusalén; inclusive un gran número de sacerdotes obedecían a la fe. Esteban, lleno de gracia y de poder, hacía grandes prodigios y milagros en el pueblo* (Hechos 6:5-8). Esteban fue asesinado muy temprano en su ministerio, convirtiéndose en el primer mártir del cristianismo, pero jamás imaginó que su vida y su muerte impactarían al más significativo y productivo Apóstol del libro de los Hechos.

Pablo habla de un *"aguijón en la carne"* (1 Corintios 12:7). ¿A qué se refería? Algunos opinan que se trataba de un serio problema de sus ojos. Es probable que no pudiera ver bien y esto limitaba su trabajo. Si leemos en Gálatas 4:15, dice allí que los hermanos al ver su necesidad, hubieran dado sus ojos por él; y comparándolo con Gálatas 6:11 en donde Pablo escribe de su propia mano con "letras muy grandes", entonces podemos deducir que tal vez esta teoría sea cierta. Otros opinan que quizás tenía problemas estomacales; tal vez Lucas "el médico amado" lo acompañaba especialmente por eso. Si reflexionamos sobre el carácter de Pablo, por la forma como hablaba y las cosas que decía, podemos imaginar que el tipo era temperamental, lleno de emociones, seguramente que era un candidato perfecto para tener úlceras y gastritis. Pero existe una teoría más: es probable que lo que Pablo llamara su *"aguijón en la carne"* haya sido un asunto emocional, o una lucha espiritual. Recordemos que él estuvo presente en la muerte de Esteban, recordemos que jugó un papel importante en el evento; así que, es imposible pensar que Pablo hubiera olvidado el incidente como algo trivial. ¿Quién contó a Lucas, el autor del libro de los Hechos, de todos estos asuntos, sino el mismo

Pablo? Es lógico pensar que cuando el apóstol Pablo tenía grandes éxitos y se sentía insuperable, le venía el recuerdo de Esteban muriendo y pidiendo perdón por ellos. No es difícil imaginar que por causa de ello tenía momentos de depresión, tal vez por eso dice él mismo, que su aguijón era un mensajero de Satanás que lo abofeteaba para que no se ensoberbeciera sobremanera. Sin embargo, independientemente de cuál haya sido el aguijón del Apóstol, una cosa es cierta: La muerte de Esteban impactó su vida. Fue el testimonio de Esteban el inicio de la conversión de este gran misionero. Esteban supo dejar huella en la vida de este predicador.

▮▮ Testigo es uno que está dispuesto a decir la verdad a toda costa. *Esteban, lleno de gracia y de poder, hacía grandes prodigios y milagros en el pueblo* (Hechos 6:8). La palabra griega que se traduce como testigo es "mártir" y nos habla de alguien dispuesto a decir la verdad a pesar de enfrentar la muerte. Esteban predicó un extraordinario sermón histórico que pasó por todos los eventos importantes de la nación judía, culminó en la muerte del Señor y aunque posiblemente deseaba finalizar con su resurrección, al sentirse acusados por sus palabras, los judíos lo interrumpieron con injurias, acusaciones y finalmente le quitaron la vida. Sin embargo, él no rehusó cumplir con su propósito de testificar del evangelio que estaba viviendo a plenitud.

▮▮ Testigo es uno que une el cielo con la tierra. *Entonces, todos los que estaban sentados en el Sanedrín, cuando fijaron los ojos en él, vieron su cara como si fuera la cara de un ángel* (Hechos 6:15). Esteban no murió como perdedor, no sufrió las consecuencias de su fe, más bien disfrutó de la oportunidad de manifestarla. No sabemos exactamente qué significa esto de que vieron en él el rostro de un ángel, pero una cosa es cierta: Su ministerio era una puerta entre el cielo y la tierra. Eso es lo que hace un testigo de Cristo: Reúne al cielo con la tierra.

▮▮ Testigo es uno que vive y muere como triunfador. En el siguiente pasaje que seguramente significa su llamado a los cielos, se manifiesta una vez más el carácter triunfador de su vivencia. *Pero*

Esteban, lleno del Espíritu Santo, y puestos los ojos en el cielo, vio la gloria de Dios, y a Jesús que estaba de pie a la diestra de Dios. Y dijo: ¡He aquí, veo los cielos abiertos, y al Hijo del Hombre de pie a la diestra de Dios! (Hechos 7:55, 56).

No murió suplicando a sus torturadores que lo dejaran en paz, murió con la convicción de tener un destino eterno. Esto definitivamente tocó el corazón de Pablo.

Ciertamente el Apóstol tuvo un encuentro muy directo con el Señor; pero es un hecho que este encuentro con un testigo del Señor sensibilizó su vida. Es posible, incluso, que aquel odio que manifestara contra los cristianos, no era otra cosa que un interés y un llamado que se resistía a aceptar. ¿No se han dado cuenta de que aquellos que más se oponen al evangelio terminan siendo los mejores cristianos? El triunfo de Esteban llegó hasta la conversión de Pablo.

El Señor pudo haber usado a muchas otras personas, pero usó a Esteban para tocar a Pablo. Podemos decir que no hubiera habido un apóstol y escritor del Nuevo Testamento como el apóstol Pablo, si no hubiera sido por un testigo como Esteban. Estamos en la tierra para tocar a otras personas con nuestro testimonio.

➤ Ananías: La huella del discipulado, uno que influye en los demás por medio del discipulado.

Ananías aparece en la vida de Pablo justamente en el momento de su conversión. Después de su encuentro con el Señor Jesucristo en el camino a Damasco, Pablo se encuentra en una severa crisis existencial y el Señor envía a Ananías para que le ministre en el discipulado inicial de su vida. *Había cierto discípulo en Damasco llamado Ananías, y el Señor dijo en visión: Ananías. El respondió: Heme aquí, Señor. El Señor le dijo: Levántate, vé a la calle que se llama La Derecha y busca en casa de Judas a uno llamado Saulo de Tarso; porque he aquí él está orando, y en una visión ha visto a un hombre llamado Ananías que entra y le pone las manos encima para que recobre la vista. Entonces Ananías respondió: Señor, he oído a muchos hablar acerca de este hombre, y cuántos males ha hecho a tus santos en Jerusalén. Aun aquí tiene autoridad de parte de los principales sacerdotes para tomar presos a todos los que invocan tu nombre. Y le dijo el Señor:*

Vé, porque este hombre me es instrumento escogido para llevar mi nombre ante los gentiles, los reyes, y los hijos de Israel. Porque yo le mostraré cuánto le es necesario padecer por mi nombre. Entonces Ananías fue y entró en la casa; le puso las manos encima y dijo: Saulo, hermano, el Señor Jesús, que te apareció en el camino por donde venías, me ha enviado para que recuperes la vista y seas lleno del Espíritu Santo. De inmediato le cayó de los ojos algo como escamas, y volvió a ver. Se levantó, fue bautizado (Hechos 9:10-18).

¿Se imaginan a Ananías escuchando la orden de Dios de visitar a un "mata cristianos" que ha obtenido permiso para perseguir a los discípulos de Jesús, maltratarlos y llevarlos a los tribunales? Parece que lo lógico hubiera sido una rotunda negación a la tarea ¿no es cierto? O tal vez hubiera sugerido a Dios que enviara a otra persona, tal vez a un pastor o a un misionero con más preparación, pero no a un laico como era Ananías. Sin embargo, aunque ciertamente objetó en un principio, cuando el Señor le confirma la orden, este discípulo lo hizo sin tardanza.

⫸ Discipulado es obedecer a Dios. Hacer discípulos es cumplir con "La Gran Comisión" y eso fue justamente lo que hizo Ananías. No se trata de un llamamiento especial para pastores, es la tarea de todo discípulo de Jesucristo. Alguien me dijo que "La Gran Comisión", que también es expresada en Hechos 1:8, la cual dice de manera enfática: *"...y hasta lo último de la tierra"*, no se refiere solamente a un lugar geográfico, sino a personas a las que jamás les predicaríamos. Tal vez Saulo de Tarso era alguien que se encontraba en "lo último de la tierra" para cualquier cristiano; sin embargo Ananías acudió a él en obediencia a Dios.

⫸ Discipulado es tocar a las personas. Ananías no sólo fue a ver a Saulo, se atrevió a tocarlo físicamente. Hay quienes hubieran aprovechado para darle de golpes, al fin que estaba ciego, ¿no es cierto? Quizás algunos hubieran reclamado al "mata cristianos" antes de orar por él, pero el discípulo Ananías puso sus manos sobre él. Es importante hacer contacto con la gente. El Señor Jesús tocó incluso a los "intocables", los cuales incluían a

Atrévete a tocar a la gente que necesita el toque de Dios.

los leprosos, a los enfermos y a los muertos. De acuerdo a las convicciones religiosas de aquella época, eso no era sólo un problema de higiene y salud, sino un asunto de santidad. **Atrévete a tocar a la gente que necesita el toque de Dios.**

/// Discipulado es creerle a Dios. Hay algo extraordinariamente impactante en Ananías, cuando entra al lugar donde estaba Saulo: además de poner las manos sobre él, le dice: "hermano Saulo". Podemos decir que le estaba diciendo paisano o sencillamente estaba cumpliendo una formalidad, pero, es probable que estaba dando por hecho lo que Dios le había dicho que haría con Pablo ¡eso es creerle a Dios! El problema de muchos cristianos no es creer en Dios, sino creerle a Dios. Cuando el Señor ha dicho que hará algo, de seguro lo hará, y más nos vale que seamos parte de sus hechos. Ananías llama hermano a Saulo aun antes de dar evidencia de su conversión. ¡Eso es fe!

/// Discipulado es transferencia de vida. Cuando le creemos a Dios y nos atrevemos a tocar a aquellos con los que Dios está tratando, se lleva a cabo un milagro de transferencia de vida, es algo así como un contagio de una vida a otra. El Señor pudo haber usado a mucha gente, quizás pudo usar a alguno de los apóstoles, pero quiso usar a un creyente desconocido, Ananías, para tocar a Saulo por medio del discipulado y lo convirtió en el Pablo que conocemos. Pablo no hubiera sido quien fue sin este toque de fe y de amor. Hay gente que necesita ser tocada por nosotros para experimentar transformación.

➤ **Bernabé:** La huella del compañerismo, uno que influye en los demás por medio de la amistad verdadera.

Bernabé se destaca en todo el Nuevo Testamento como el que supo ser amigo, el tolerante, el restaurador. Definitivamente no fue tan famoso como Pablo, ni tan elocuente como Apolos;

pero sin su amistad, Pablo no hubiera llegado a donde llegó y su sobrino Marcos hubiera sido un fracasado; (lea Hechos 15:37-39 para conocer lo que Bernabé hizo por Juan Marcos) definitivamente Bernabé era "un tipazo" y tocó a Pablo con su amistad. Leamos lo que hizo por él: *Cuando fue a Jerusalén, intentaba juntarse con los discípulos; y todos le tenían miedo, porque no creían que fuera discípulo. Pero Bernabé le recibió y le llevó a los apóstoles. Les contó cómo había visto al Señor en el camino, y que había hablado con él, y cómo en Damasco había predicado con valentía en el nombre de Jesús. Así entraba y salía con ellos en Jerusalén,...* (Hechos 9:26-28).

¡Qué interesante! los apóstoles no creían en su conversión, pero Bernabé, un diácono lleno de gracia y misericordia lo introdujo es este importante grupo de liderazgo.

// Un amigo no te juzga por lo que fuiste sino por lo que puedes llegar a ser. Bernabé defendió la veracidad de la conversión de Pablo y arriesgó su reputación y su ministerio diaconal como si supiera la gran bendición que llegaría a ser este Apóstol tan especial.

// Un amigo arriesga su vida por ti. Imaginemos este evento, llega Bernabé a una reunión en donde están los apóstoles del Señor, y les dice: "¿Saben qué? Se convirtió Pablo". Algunos lo voltean a ver incrédulos, tal vez Tomás le dice: "Yo hasta no ver, no creer"; quizás Pedro le declara: "Cuidado Bernabé, tal vez se trata de una trampa para apresarnos a todos, recuerda que tiene cartas de las autoridades para perseguirnos". Bernabé les dice con voz clara: "Pues ni modo, de algo vamos a morir y ¿saben qué?, le traje para que le den la bienvenida". Entonces Bernabé sale de aquel cuarto, y se dirige a Pablo que esperaba temeroso en la puerta; le dice: "Pablo me dicen que entres, porque se mueren de las ganas por conocerte, pásale hermano". Y así de improviso se los presenta.

No sabemos cómo fue, esto es sólo una narración producto de la imaginación, pero seguramente Lucas pensó que no era oportuno contarnos los detalles, porque no ha de haber sido agradable esa falta de fe de los apóstoles, confrontados por Bernabé. Ahora bien, la cosa no era para menos, la verdad es que Bernabé se estaba arriesgando demasiado, pero ¿no es eso lo que hacen los amigos?

▰▰ Un amigo te permite crecer. Esta no fue la única manera como Bernabé demuestra su amistad para con Pablo; más adelante lo vemos integrándole a otros ministerios, porque reconocía sus capacidades: *Después partió Bernabé a Tarso para buscar a Saulo, y cuando lo encontró, le llevó a Antioquía* (Hechos 11:25). También es claro que cuando fueron enviados como los primeros misioneros formalmente organizados, al principio Bernabé fungía como líder, pero poco a poco Pablo fue escalando y llegó a ser el líder indiscutible. De hecho, algunos creen que esa fue la razón por la que Juan Marcos, pariente de Bernabé, prefirió regresarse y abandonó el viaje misionero. Sin embargo, Bernabé no manifiesta en ningún sentido malestar alguno. Su amistad y amor para con los demás le permitía gozarse en el crecimiento de cada quien.

Dios pudo haber usado muchos métodos para edificar la vida del gran apóstol Pablo, pero quiso usar la amistad de Bernabé para tocar su vida para siempre. Deja que Dios use tu capacidad para hacer amigos y así bendecir a otros.

➤ **Unos discípulos desconocidos:** La huella del servicio, uno que sirve a los demás por medio del amor práctico.

Si Ananías era un desconocido, el siguiente caso es extraordinario: se trata de un grupo de hermanos que tocaron a Pablo y lo extraordinario es que ni siquiera sabemos sus nombres. De hecho no sabemos con exactitud cuántos eran, pero su servicio cambió la historia del cristianismo. Le salvaron la vida al más grande Apóstol en los inicios de la historia de la iglesia cristiana. *Y en seguida predicaba a Jesús en las sinagogas, diciendo: Este es el Hijo de Dios. Todos los que le oían estaban atónitos y decían: ¿No es éste el que asolaba en Jerusalén a los que invocaban este nombre? ¿Y no ha venido acá para eso mismo, para llevarles presos ante los principales sacerdotes? Pero Saulo se fortalecía aún más, y confundía a los judíos que habitaban en Damasco, demostrando que Jesús era el Cristo. Pasados muchos días, los judíos consultaron entre sí para matarle; pero sus asechanzas fueron conocidas por Saulo. Y guardaban aun las puertas de la ciudad de día y de noche para matarle. Entonces sus discípulos, tomaron a Saulo de noche y le bajaron por el muro en una canasta* (Hechos 9:20-25).

¿Quiénes fueron?, ¿cómo se llamaban?, ¿cuántos eran? son asuntos secundarios frente a la extraordinaria acción que realizaron.

Imaginemos al "mata cristianos" que recién se entera de que lo quieren matar, buscando ayuda entre los hermanos en la fe para que lo protejan. Tal vez alguno de ellos dijo con razonamiento humano: "Que sufra para que sepa lo que se siente". Tal vez otros dijeron: "Dejémoslo solo, que lo maten, ¿no hacía eso él con nosotros?". Pero este grupo de hermanos buscó la manera de ayudarlo. Encontraron una soga, tal vez la casa de alguna familia de la iglesia que vivía en el muro de la ciudad, utilizaron un árbol o una escalera y realizaron la hazaña. Ahora bien, hay que recordar una cosa: En ese momento Pablo no es más que un recién convertido. No es el "gran Apóstol", sino que se trata de alguien que llegó a la ciudad a perseguir a los cristianos y ahora es uno de ellos. Podemos decir que estaba recibiendo "sopa de su propio chocolate". ¿Se imaginan aquel grupo de hermanos? Uno de ellos vigilaba, otro sostenía la antorcha, alguien más sujetaba la soga con todas sus fuerzas mientras en una canasta descendía un cristiano común. Tal vez a alguno se le ocurrieron estas preguntas: "¿Por qué estamos arriesgando la vida por un "mata cristianos?". "¿Por qué no lo dejamos caer?, total, él vino a perseguirnos". "¿Vale la pena lo que estamos haciendo?". La cosa es muy sencilla: No sabían lo que traían en su canasta y sin embargo le salvaron la vida.

Todos tenemos gente que ha sostenido nuestra canasta, gente que nos ha servido, gente que se arriesgó por nosotros.

/// /// ///

Mariano López era el pastor de la Primera Iglesia Bautista de Chihuahua cuando yo prediqué por primera vez en un culto dominical. Me habían designado para hacerlo en la Unión de Jóvenes de la que era presidente. Había predicado en la unión de jóvenes y en las misiones, pero nunca en ese lugar tan imponente. En mi inexperiencia, se me hizo fácil hacer uso de un cartelón (póster) que el partido comunista de ese entonces usaba en su campaña; me gustó porque tenía un reloj despertador enorme y la frase YA ES HORA. No tomé en cuenta que también tenía la hoz y el martillo en el centro. Mi sermón estaba basado en aquella palabra de Pablo donde dice: *Y haced esto conociendo el tiempo, que ya es hora de despertarnos del sueño; porque ahora la salvación está más cercana de nosotros que cuando creímos* (Romanos 13:11). Así que, en el momento preciso desplegué aquel

> ...ni siquiera sabemos sus nombres... pero su servicio cambió la historia del cristianismo.

cartelón y terminé mi sermón con muchas decisiones. En el siguiente culto de negocios de la iglesia, algunos líderes cuestionaron el ministerio de mi pastor y le reprendieron por haberme dejado predicar. Decían: "¿Cómo es posible que se extendiera en el santo templo de Dios un rótulo con publicidad comunista?". El ministerio del Pastor López estuvo en peligro. Sin embargo, al salir de la junta de negocios, me abrazó y poco después me invitó a predicar de nuevo. Definitivamente me traía en su canasta y no soltó la cuerda.

/// /// ///

El ex director de la Casa Bautista de Publicaciones, hermano Roberto Tucker, me contó la siguiente experiencia. Viajaban en una camioneta por la pampa argentina. El lugar era despoblado y de pronto el vehículo se descompuso; no había un alma en kilómetros a la redonda; pensaron que morirían ahí; entonces, de pronto, vieron venir en medio de una polvareda a un vehículo a lo lejos. Al llegar hasta donde estaban ellos, bajó un hombre con sus ropas tan sucias como su carro y les ofreció ayuda. Era un mecánico que en cuestión de minutos desarmó el motor ante el terror del hermano y sus acompañantes; después, en el mismo tiempo, armó de nuevo el motor y pidió que lo encendieran. Milagrosamente el motor encendió y se sintieron salvados. Como es natural, el hermano sacó su cartera y ofreció pagar a aquel hombre. El hermano reconoce que hubiera dado lo que fuera, pues les había salvado de un gran peligro. Sin embargo, el mecánico aquel no aceptó pago alguno.

Como el hermano Tucker insistió, el hombre le dijo: "Si quiere pagarme, hágalo de la siguiente manera: Cada vez que vea en el camino por donde usted ande a alguien que lo necesite, deténgase y ayúdele como yo lo he hecho ahora". Mi hermano Roberto reconoce que hubiera sido más económico haberle dado varios miles de dólares.

Sin embargo, la Biblia dice: *Así que, hermanos, somos deudores,...* (Romanos 8:12). Así que, de alguna manera todos tenemos el desafío a servir a los demás.

El servicio toca a las personas, les transforma la vida, en ocasiones les salva, y hace una gran diferencia en el cristianismo. En un sentido real, no tenemos mucho derecho a compartir el mensaje hablado a nuestros vecinos si no les hemos servido antes. El cristiano toca a los demás con el amor en acción.

El Señor pudo salvar la vida de Pablo de muchas otras maneras, incluso por medio de un milagro, pero quiso usar a aquellos desconocidos que se atrevieron a no soltar la cuerda.

// // El desafío a no soltar la cuerda: *// //*

Siendo pastor en el Sureste de México, cuando la epidemia del SIDA aún estaba llena de mitos y temores, tuve la necesidad de visitar a un joven que experimentaba la fase terminal de la terrible enfermedad. Lo primero que me impresionó fue que habían cambiado su nombre en la lista de enfermos, quizá para evitar daño a la moral de la familia. Cuando finalmente estuve frente a la puerta de su cuarto en el hospital, mientras me ponía bata y cubre boca, presencié una triste escena: La mujer de los alimentos llegó con su carrito de ruedas lleno de platos de comida; la hermana del enfermo que estaba conmigo, le dijo amablemente: "Pase señorita, déjele la comida, yo con mucho gusto se la daré". La trabajadora respondió en tono despectivo: "Yo no entro a este cuarto; si quiere, tome usted la comida". Fue triste saber que la familia había tenido que pagar un dinero extra a una enfermera para que atendiera a ese joven enfermo, porque nadie estaba dispuesto a hacerlo.

Aquel joven me confundió con un sacerdote católico y me llamó insistentemente "padre", aunque yo le expliqué en varias ocasiones que era pastor evangélico. Él insistía en confesarse, y aunque yo le expliqué que debía hacerlo directamente con Dios, él me suplicó que yo estuviera ahí con él y escuchara su oración. ¡Jamás he escuchado una oración tan profunda y seria! Al oírlo gemir y gritar al hablar con Dios, no pude más y sin pensarlo, me puse de rodillas. Aclaro que sin querer, en un acto de torpeza, al hincarme, mis manos tocaron las suyas y él se sujetó fuertemente de mí. Lloraba y temblaba tanto que yo pensé que estaba muriendo. Al terminar su oración, un poco más calmado y según su declaración, con menos dolor, me dijo: "Gracias, hace mucho que nadie me tocaba sin guantes de hule".

Yo reaccioné a lo que había pasado y confieso que me dio miedo: ¡Pues yo había tocado a un enfermo de SIDA! Ahora me avergüenzo de aquel temor. Al analizar este asunto, lo que pasó ahí fue lo siguiente: Dios quería salvar a aquel joven moribundo, quería tocarlo y, en virtud de que nuestro Dios está en este mundo sólo en forma espiritual, necesitaba unas manos con las cuales hacerlo, y las mías eran las más cercanas. Así que no tuvo más remedio que usarlas. No me canso de agradecerle el privilegio. Estamos aquí para tocar personas, estamos aquí porque somos el Cuerpo de Cristo. Somos sus manos, somos su garganta, somos sus pies, somos su amor para la humanidad. ¡Caminemos por el mundo tocando a todos aquellos que necesitan la huella de Dios en sus vidas! Toquemos a los intocables, a los que nadie se atreve siquiera a ver, toquemos a los contaminados y trasmitámosles el amor de Dios.

Estamos en este mundo para tocar a otros con nuestro testimonio, con nuestro discipulado, con nuestra amistad y con nuestro servicio. No soltemos la cuerda jamás, porque no sabemos a quién traemos en nuestra canasta. Cada uno de nosotros tenemos una responsabilidad con nuestra propia generación. Como pastor he tenido la oportunidad de predicar a los jóvenes en infinidad de congresos, retiros, campamentos, concentraciones, etc.; me esfuerzo por cumplir con lo que me toca, y en el presente libro trato de transferir esta responsabilidad a ustedes, jóvenes, que deben enfrentar su propia misión: "¡No sueltes la cuerda!".

Juan 21:15-25

El ABC de un joven que sigue a Jesús

No estoy de acuerdo con algunas posturas de la alabanza y la música que algunos llaman "cristiana" el día de hoy. No me convence la idea de tomar música mundana y ponerle letra cristiana para cantarle al Señor; tampoco me gusta la idea de trasladar a un culto las mismas expresiones, actitudes y escándalos que se realizan en los conciertos de rock o en los antros del mundo. Pero, una de las cosas que menos me gusta es la siguiente: cuando platico con alguien del peligro que significa no hacer nada al respecto de esta influencia mundana en nuestra expresión cúltica, cuando reflexionamos sobre lo inútil que es permitir que en nuestras iglesias se tengan experiencias tipo "show" que no sólo no preparan a la gente para escuchar la Palabra, sino que, incluso la indisponen para recibir la sanción de Dios, hay quienes me dan el siguiente argumento: *"Son jóvenes, así son ellos; hay que tolerarlos, también nosotros fuimos jóvenes"*. Esta idea, además de no ser convincente, resulta un insulto a la juventud cristiana. Me hace pensar que quienes piensan así, tienen un modelo de juventud pervertido. Tal vez cuando piensan en un joven piensan en los artistas de la televisión que se gozan en manifestar su homosexualismo y se presentan como gente irresponsable, reventada, carente de valores y rebelde a todo lo que tenga que ver con autoridad y con la Palabra de Dios. Se les olvida que la Biblia tiene otro concepto de la juventud. Cuando la Biblia habla de jóvenes, se refiere a tres muchachos dentro de un horno de fuego dispuestos a morir antes que ceder; cuando la Biblia habla de jóvenes se refiere a un adolescente enfrentando a un gigante, derrotándolo en el nombre de Dios; cuando la Biblia habla de jóvenes, se refiere a una hermosa muchacha cuyo lema fue *"si perezco, que perezca"*. Se atrevió a cumplir con su misión en la vida. El concepto de la Biblia respecto a un joven incluye al más hermoso de todos los jóvenes, quien murió con sus brazos abiertos por todos nosotros. Tengamos cuidado de la mundanalidad y no nos dejemos influir por los caducos conceptos del mundo. En el pasaje que hoy nos ocupa nos encontramos con lo que podríamos llamar el A B C de un joven que sigue a Jesús. Veamos:

> **A.** **Asegúrate de amar al Señor.** *Cuando habían comido, Jesús dijo a Simón Pedro: Simón, hijo de Jonás, ¿me amas tú más que éstos? Le dijo: Sí, Señor; tú sabes que te amo. Jesús le dijo: Apacienta mis corderos. Le volvió a decir por segunda vez: Simón, hijo de Jonás, ¿me amas? Le contestó: Sí, Señor; tú sabes que te amo. Jesús le dijo: Pastorea mis ovejas. Le dijo por tercera vez: Simón hijo de Jonás, ¿me amas? Pedro se entristeció de que le dijese por tercera vez: ¿Me amas? y le dijo: Señor, tú conoces todas las cosas. Tú sabes que te amo. Jesús le dijo: Apacienta mis ovejas* (vv. 15-17).

Existen diferentes explicaciones sobre la insistente pregunta del Señor a Pedro, pero una cosa es clara: amar al Señor es un asunto vital del que hay que asegurarse. Antes de hacer cualquier cosa en la vida, hay que asegurarnos de estar enamorados del Señor:

// Verdaderamente. La triple pregunta del Señor a Pedro lo hizo pensar en un amor verdadero, genuino, e invencible.

// En gratitud. Tal vez la triple pregunta era una estrategia para permitir a Pedro su restauración, después de su triple negación. Si le había negado tres veces, ahora podía manifestar su amor tres veces y restaurarse. En virtud de esta acción del Señor, no cabe otra cosa que la gratitud. Un amor agradecido es indispensable en un pecador que ha sido perdonado.

▮▮ En la limitación humana. En el diálogo entre el Señor y Pedro se usaron dos palabras distintas, aunque en la traducción, para ambas se usa la palabra "amor". Sin embargo, en el idioma original, cada una de ellas hace alusión a un concepto diferente. Pedro mantuvo la misma palabra que puede traducirse cariño, mientras el Señor usó en las dos primeras ocasiones la palabra "amor", refiriéndose al amor que lleva al sacrificio. Podemos encontrar una enseñanza en ello: Pedro entendió las limitaciones de su amor humano y magnificó el amor de Dios. No podemos amarlo como él lo hizo, pero, aunque nuestro amor sea imperfecto, debemos amarlo.

Hay cosas importantes en la vida, pero esta es la más importante en un cristiano: ¿Cuánto amas a tu Dios? Ahora bien, después de que el Señor escuchó la respuesta de Pedro, lo comisionó: *"Apacienta mis corderos"*. El amor a Dios se manifiesta en forma práctica de una manera muy sencilla: **¡Si amas a Dios, obedécele!**

➤ **B. Busca vivir a plenitud.** *De cierto, de cierto te digo que cuando eras más joven, tú te ceñías, e ibas a donde querías; pero cuando seas viejo, extenderás las manos, y te ceñirá otro, y te llevará a donde no quieras. Esto dijo, señalando con qué muerte Pedro había de glorificar a Dios. Después de haber dicho esto le dijo: Sígueme* (vv. 18, 19).

Después de este diálogo entre el Señor y Pedro respecto a su amor, el Señor confronta a Pedro con una realidad que todo ser humano enfrenta en la vida: no siempre será joven y fuerte, un día morirá. La intención del Señor no es entristecer a Pedro, sino ayudarle a vivir con intensidad. Si la vida durara miles de años, además de que tal vez sería un poco aburrida, no habría urgencia para ninguna cosa; sin embargo, en toda la Biblia se habla de la vida como un asunto breve y pasajero: *"El hombre, como la hierba son sus días: Florece como la flor del campo, que cuando pasa el viento, perece, y su lugar no la vuelve a conocer* (Salmo 103:15, 16). *"...los que no sabéis lo que será mañana, ¿qué es vuestra vida?*

Porque sois un vapor que aparece por un poco de tiempo, y luego se desvanece (Santiago 4:14). *"Porque: Toda carne es como hierba, y toda su gloria es como la flor de la hierba. La hierba se seca, y la flor se cae;* (1 Pedro 1:24). No se trata de ser fatalista, pero sí de ser sabio y en la conciencia de la temporalidad de nuestra vida, procurar vivirla a plenitud. Esto es lo triste de muchos jóvenes, y de hombres y mujeres en general, que se creen con la vida comprada, se creen eternos y nunca se percatan de lo breve que es la existencia. Los que somos papás lo vemos cada día: Un suspiro y nuestros hijos ya no nos necesitan tanto, en un abrir y cerrar de ojos ya son jóvenes y comienzan a alejarse de nosotros, algunos se lamentan de no haberse tomado más tiempo para estar con ellos. La enseñanza aquí es esta: ¡Busca vivir a plenitud!

▬▬ Con la conciencia de que la juventud se desvanece. Alguien dijo que la juventud es una enfermedad que sólo se quita con el tiempo. No estoy de acuerdo con la idea de que es una enfermedad pero sí con la idea de que se quita con el tiempo. Nadie es joven por siempre. Muchos han buscado el elixir de la eterna juventud, y hasta ahora, lo más que se ha logrado es un par de novelas de ficción que hablan del asunto, pero nadie ha logrado postergar su juventud ni un solo día. Podemos conservar el entusiasmo, el idealismo, un poco la salud y la fuerza pero nunca la juventud; esa se va irremediablemente. El Señor Jesús quería que Pedro fuera consciente de ello y nosotros también debemos sentirnos aludidos con la enseñanza.

▬▬ Con la conciencia de la realidad de la muerte. Si la juventud pasa, la vida misma pasa también. Grandes y pequeños, fuertes y débiles, ricos y pobres, sabios y necios, cultos e ignorantes, hombres y mujeres, ancianos, jóvenes y niños, todos tendremos que comparecer ante el Señor todopoderoso un día, a través de un acto natural llamado muerte. Nadie debería vivir ignorando esta verdad. Se dice que los sabios de la antigüedad solían tener en su escritorio un cráneo humano para que nunca se les olvidara que irremediablemente morirían. Se dice de un hombre poderoso que ordenó a uno de sus esclavos a estar junto a él y que cuando estuviera ante alguna cosa maravillosa o nueva, le dijera: "Recuerda que eso también pasara". El cristiano no necesita de cráneos humanos ni de esclavos; tiene la conciencia que la Palabra de Dios le imparte.

⁄⁄ En la conciencia de que el "hoy" es todo lo que existe. Hay quienes hablan tan vehementemente del pasado que parece que lo pueden tocar; pero, aunque el pasado es importante, ya no está aquí. Todo lo que tenemos es el instante en que vivimos. Por ejemplo, no podemos alumbrar un cuarto oscuro con la luz de una lámpara encendida ayer. Podemos tocar las consecuencias del pasado, pero el pasado ya se nos fue. No te estanques en el amor de ayer; ama hoy, no te conformes con tu fe de ayer, sigue creyendo hoy. Otros prefieren vivir en el futuro. Se la pasan hablando de lo que harán sin hacer nada el día de hoy para lograrlo mañana. Viven la ilusión de un tiempo que aún no existe. Ahora bien, no está mal proyectar la vida, soñar y hacerse ilusiones, pero siempre debemos tener la conciencia de que hoy es lo único que existe y debemos aprovecharlo.

El Señor confrontó a Pedro y a nosotros también con esta verdad: El tiempo corre y la juventud se nos va; la vida física no retoña y debemos aprovechar cada oportunidad, cada instante para vivir a plenitud. La exhortación final del Señor, después de haber hablado de ello es esta: "Sígueme". Ante la realidad de lo limitado de nuestra vida no hay más que hacer que **seguir al Señor.** ¡Síguele!

➤ C. Cumple con tu misión. *Pedro se dio vuelta y vio que les seguía el discípulo a quien Jesús amaba. Fue el mismo que se recostó sobre su pecho en la cena, y le dijo: "Señor, ¿quién es el que te ha de entregar?". Así que al verlo, Pedro le dijo a Jesús: Señor, ¿y qué de éste? Jesús le dijo: Si yo quiero que él quede hasta que yo venga, ¿qué tiene esto que ver contigo? Tú sígueme. Así que se difundió este dicho entre los hermanos de que aquel discípulo no habría de morir. Pero Jesús no le dijo que no moriría, sino: "Si yo quiero que él quede hasta que yo venga, ¿qué tiene esto que ver contigo?". Este es el discípulo que da testimonio de estas cosas, y las escribió. Y sabemos que su testimonio es verdadero. Hay también muchas otras cosas que hizo Jesús que, si se escribieran una por* *una, pienso que no cabrían ni aun en el mundo los libros que se habrían de escribir* (vv. 20-25)

Este es el último incidente del Evangelio de Juan y tiene tres elementos importantes: La plática de Pedro con el Señor respecto a Juan, la idea equivocada de la inmortalidad del apóstol Juan, y la ratificación del testimonio del apóstol Juan respecto al evangelio. En todo ello encontramos una exhortación a cumplir con la misión de vida.

▬▬ Aunque otros no lo hagan. "¿Qué te importa?". Es lo que le dijo el Señor a Pedro respecto a Juan. Debemos seguir al Señor sin importarnos lo que los demás hacen o dejen de hacer. El problema de muchos cristianos es que son típicamente "consensuales"; sólo viven por el consenso, hacen o dejan de hacer por lo que ven hacer o dejar de hacer a otros. Es importante tener amigos, es maravilloso tener compañeros, en una tarea cristiana, pero debemos servir al Señor y cumplir con nuestra misión independientemente de lo que los demás decidan.

▬▬ Sin competencia (compite sólo contra ti mismo). Es importante ocuparnos de los demás, interesarnos en lo que les ha de pasar. El problema de Pedro no era ese; el problema era la competencia, el celo, el sentido de combatividad común entre seres humanos. Especialmente en la juventud se da esta experiencia que es buena cuando se aplica a la escuela, la productividad empresarial, siempre y cuando se hace con valores éticos. Pero esa competencia resulta perniciosa cuando se realiza entre hermanos y en relación a las cosas espirituales. Dios nos ha llamado a cada uno para algo diferente, en la vida cristiana no somos enemigos, somos compañeros y aunque estemos en ocasiones en diferente equipo, somos del mismo bando.

▬▬ Hasta dejar huella. Juan estaba ya bastante viejo, es posible que lo tuvieran que trasladar entre varios hermanos en una silla de donde difícilmente se podría mover. Se dice que los hermanos, sabiendo su proximidad a la muerte, le pidieron que escribiera su testimonio respecto al Señor. Ya se habían escrito los Evangelios de Marcos, Mateo y Lucas, pero siendo Juan el último tes-

Todo cristiano debe dejar... un evangelio que otros puedan leer.

tigo ocular de la encarnación de Dios, era importante que compartiera su legado. Tal vez sólo lo contó y alguien más se dio a la tarea de escribirlo. Esta es la razón por la que al final se nos aclara que el testimonio de todo el Evangelio es de él. Todo cristiano debe dejar antes de morirse un evangelio que otros puedan leer. No me refiero precisamente a escribir un libro, aunque eso sería fabuloso, pero sí me refiero a una huella que debemos dejar para que otros puedan encontrarse con el Señor.

Ahora bien, el último versículo del Evangelio nos dice que el Señor hizo muchas otras cosas y que no se podrían escribir ni en todos los libros del mundo. Esto es verdad en muchos sentidos, especialmente por lo que sigue haciendo en nuestra vida y por medio de nuestra vida en otras personas. He aquí un reto para todo cristiano: deja tu testimonio como herencia de vida para la humanidad.

➤ **D.** **Deja que Dios escriba la historia en ti y por medio de ti.** Aunque este mensaje se llama "El A B C de un joven que sigue a Jesús", hay una letra más en esta lista de principios. Se trata de un **Desafío** (también con la letra **D**) a ser protagonista y no sólo observador de la historia humana. Hay hombres y mujeres a quienes les gusta ver y disfrutar las maravillas de la vida, y hay a quienes les gusta realizar las maravillas de la vida. Esta es la diferencia entre los genios y la gente "del montón". Esta es la diferencia entre un admirador de la música clásica y un Federico Haendel; esta es la diferencia entre los que saben la historia y los héroes que la han escrito.

El día de hoy es el vértice más importante de tu historia, porque el ayer ya pasó y el mañana no existe. ¿Qué vas a hacer de tu vida? Es una decisión que te corresponde tomar ya. Puedes ser uno de los millones de espectadores que habitan este planeta, o puedes ser un protagonista: **A**segúrate de amar a Dios con todo tu corazón, **B**usca vivir a plenitud cada instante de la vida, **C**umple con la misión que Dios te ha encargado y toma el **D**esafío de ser un instrumento de Dios para escribir la historia.

" " Cómo saber si soy un cristiano verdadero " "

"Eres" y "Somos" son algunos de los nombres de las revistas juveniles de hoy. Se trata de una inteligente apelación a las necesidades de identidad de todos los seres humanos, especialmente en la temprana edad. Por esto mismo, es común encontrar diferentes cuestionarios a través de los cuales, según ellos, los jóvenes pueden averiguar si están enamorados, si son románticos, si son buenos amigos, etc. He aquí un cuestionario que nos ayuda a saber si somos verdaderos cristianos y si no lo somos, en qué nivel de compromiso estamos viviendo.

Ahora bien, Dios es el Dios de gracia, el Dios de las oportunidades para los hombres, el Dios que dice "sí" a quienes se acercan a él. Él es el Dios que dice: "Venid a mí, todos los que estáis fatigados y cargados,...". Él es el que no rechaza a los de corazón contrito. Él es el que abrió las puertas del reino incluso al eunuco etíope. Sin embargo, aquel que siempre da posibilidades a los hombres por su gracia, aquel que siempre dice "sí, se puede" nos presenta siete cosas en las que en forma categórica y definitiva nos dice "no se puede". Estas cosas nos enseñan las demandas del discipulado y con ello nos ayuda a evaluarnos. Veamos:

▰ 1. ¿Sigues a Jesús o a alguien más? *"Nadie puede servir a dos señores; porque aborrecerá al uno y amará al otro, o se dedicará al uno y menospreciará al otro. No podéis servir a Dios y a las riquezas"* (Mateo 6:24). Otra manera de preguntar esto es la siguiente: ¿Eres fiel a Jesús? De la misma manera, podemos preguntarnos: ¿Eres propiedad exclusiva de Dios o has entregado tu corazón a algo más? No se puede servir a Dios y a alguien más. No se puede tener dos amos, no se puede ser fiel a dos autoridades sobre nuestras vidas. Como decía una canción de décadas pasadas: "No puedes besar en dos bocas ". Un ser humano tiene todo el derecho y la libertad de adorar al dios que quiera, incluso al dios del dinero. El Señor Jesucristo, por quien fueron creados los cielos y la tierra, ha otorgado el soberano derecho a todo joven y toda señorita de tomar la decisión de seguir a quien más le guste: a Buda, a Mahoma, a Krishna, a Tlaloc, al Rock, al dinero, al sexo, a las drogas, al alcohol, a la popularidad, y a cualquier cosa que le llame la atención, pero, una cosa está bien clara: Nadie puede seguir a otro dios y a la vez seguir a Cristo. Es triste, pero hay algunos que ciertamente están siguiendo algunas cosas que no son dignas de seguirse, incluso hay algunos que sólo están dispuestos a seguirse a sí mismos. Son de los que se definen como "libre pensadores" y se creen muy cultos y preparados porque argumentan tener criterio personal y creen en Dios "a su manera". ¿Sabes a quién se parecen los tales? A un pequeño perro que persigue su propia cola, ¿no te parece ridículo? En ocasiones creo que esos perritos no saben que la cola es de ellos; creen que se trata de otro perro y quieren tener algún contacto con él. Así de absurdo es que alguien elija seguirse a sí mismo antes que a Dios. La Biblia dice "maldito el hombre que confía en el hombre" (Jeremías 17:5). Si yo mismo soy hombre, no soy digno de confianza para ser seguido; necesito de alguien más. La cosa es sencilla: El Señor espera que yo lo ponga a él en el primer lugar de mi vida, de la misma manera que él me ha puesto a mí en primer lugar en su vida. ¿Sabes una cosa? Para Dios somos más importantes que el sol; él se preocupa más por nosotros que por todo el planeta tierra, todo lo que hace tiene que ver con nuestro bienestar y salvación. Si él se da en cien por ciento a nosotros, ¿por qué habría de aceptar menos de nosotros? Si alguien va a seguir al Señor Jesucristo ha de seguirle en exclusividad. *Si quieres saber qué tan cristiano eres, debes analizar si no estás siguiendo a algo o a alguien más.*

■ 2. ¿Es el Señor tu relación número uno? *"Si alguno viene a mí y no aborrece a su padre, madre, mujer, hijos, hermanos, hermanas y aun su propia vida, no puede ser mi discípulo"* (Lucas 14:26). Otra manera de hacer esta pregunta sería: ¿Quién es tu más grande influencia?, o ¿tienes vida devocional?, o ¿a quién dedicas más tiempo en tu vida?, o ¿puedes dejar plantadas a otras personas por estar con el Señor un rato?, o ¿dejarías a tu novio(a) por seguir a Jesús si fuera necesario?

No se puede tener al Señor en el segundo lugar de nuestra vida. Él quiere ocupar el primer lugar en nuestro corazón. Si no podemos darle ese sitio, él no está dispuesto a hacer pacto alguno con nosotros. La cosa es sencilla: Lo ponemos como nuestra relación número uno, o no nos relacionamos con él en lo absoluto. Otra vez, nosotros somos lo más importante para Dios, somos su preocupación número uno. ¿Por qué habría de ser él para nosotros un asunto secundario? Si pasamos tiempo con nuestra esposa, algunos de ustedes con su novia, si pasamos tiempo con los padres o los hijos, ¿no deberíamos pasar mucho más tiempo con él si es nuestra relación número uno? Las preguntas del principio de este punto son importantes; te recomiendo hacértelas y contestarlas con sinceridad. Él nos dio el derecho soberano de relacionarnos con quien queramos, pero nos dice: "Si no estás dispuesto a tenerme como el número uno, no estoy dispuesto a entrar en pactos contigo". *Ser cristiano verdadero es tener una relación prioritaria con Dios.*

■ 3. ¿Son tus metas asuntos sometidos a la voluntad de Dios? *Y cualquiera que no toma su propia cruz y viene en pos de mí, no puede ser mi discípulo* (Lucas 14:27). Otro modo de decirlo sería: ¿Le preguntas a Dios antes de actuar? ¿Es tu proyecto de vida un asunto sometido a la voluntad de Dios? ¿Es Jesús tu meta?

El Dios que dice "sí, se puede", que da oportunidades a los seres humanos, nos dice: "No se puede ser cristiano verdadero, sin someter la vida al proyecto de Dios". Él nos ha creado con un propósito. La vida es justamente la oportunidad de descubrir este propósito, y el meollo de la vida es enfrentar el reto de realizarlo. Uno no puede planear la vida y después pedirle a Dios que le ayude a realizar los planes, uno debe preguntarle a Dios: ¿Qué quieres hacer conmigo? Después, debe planear el proyecto adecuado para lograrlo.

La gente de la época en la que el Señor dijo estas palabras sabía lo que significaba que un hombre cargara su cruz. Era casi cotidiano ver a los condenados a muerte pasar por la calles rumbo a la crucifixión. Cargar la cruz significaba enfrentar la vida, enfrentar una causa, cargar lo que corresponde a cada quien. Uno puede hacer de su vida lo que le plazca. Podemos desperdiciarla, podemos tirarla a la basura, podemos entregarla al vicio que escojamos, podemos regalarla a alguna causa religiosa, política, filosófica etc.; o bien, podemos entregarla a Jesús. Esto último es lo que significa ser discípulo, esto es lo que significa ser cristiano verdadero. Es trágico, pero muchos cristianos ven la fe como una parte, sólo una parte, de la vida; creen que la vida se divide en: Estudio, diversiones, amigos, familia, trabajo, deporte, y como una parte de la vida está la religión. Podemos decir que es así, si se trata sólo de religión, pero en el caso de los cristianos, los seguidores de Jesús, el asunto es diferente: *Seguir a Cristo es el todo de nuestra vida y no una rebanada del pastel.*

Ahora bien, no se trata de sacrificar nada. Se trata de encontrar sentido y significado a la vida. Porque no estamos aquí por accidente, sino por un plan global establecido por Dios. Así que encontrar y realizar el propósito de Dios para cada uno de nosotros es lo mejor que nos puede pasar. ¿Ya le preguntaste a Dios para qué te quiere? Si él te formó, debe saber la respuesta perfecta. No escoges tu carrera y después le pides que te ayude, no; primero le preguntas qué quiere de ti y después le dices: "¡Yo te ayudo!". *No podemos ser cristianos, si no sometemos todas nuestras metas y nuestro proyecto de vida a su plan supremo.*

▪ 4. ¿Has puesto al Señor antes que las cosas materiales? *Así, pues, cualquiera de vosotros que no renuncia a todas las cosas que posee, no puede ser mi discípulo* (Lucas 14:33). Podemos decirlo así: ¿Compiten las cosas materiales con tu devoción a Dios? ¿Qué tanto estarías dispuesto a pagar si fuera necesario por ser cristiano? ¿Diezmas u ofrendas para la obra de Dios? ¿Qué tanto te duele ofrendar o diezmar?

No podemos ser materialistas y cristianos a la vez. Al joven rico el Señor le desafió a vender todas sus riquezas y darlas a los pobres, y luego seguirle. Como ya hemos dicho, pudo haber esperado a que se entregara y le siguiera antes de semejante desafío, pero el Señor no quería tener, ni quiere tener ahora mismo, tacaños entre sus seguidores. Si vamos a seguirle ha de ser porque estamos liberados del materialismo. No podemos seguir a Jesús y al dinero.

¿Has puesto al Señor antes que las cosas materiales?

Aquellos que tienen una especie de pasión por los bienes materiales, aquellos que valoran a las personas por su posición económica, aquellos que realizan sus planes tomando en cuenta, antes que otra cosa, el dinero, aquellos que tienen mucha dificultad para desprenderse de beneficios materiales, difícilmente abren su corazón a Jesús. Puede ser que asistan a los templos, tal vez incluso den limosnas de vez en cuando; pero para seguir a Jesús hay que ponerlo a él por encima de toda riqueza. Renunciar a los bienes materiales no significa hacer votos de pobreza o algo así. Pero sí significa valorar la materia como lo que es; materia corruptible que perecerá. Como decía Emmanuel Kant: "Las personas se hicieron para amarse y las cosas para usarse; es inmoral usar a las personas y amar a las cosas". Así mismo la hermana Corrie ten Boom decía: "He aprendido a sujetar las cosas suavemente, para que no me duela la mano cuando Dios me las quite". *Si vamos a ser cristianos verdaderos, ha de ser porque nos hemos sanado del materialismo que contamina a este mundo.*

■ **5. ¿Puedes escuchar y entender su Palabra?** *¿Por qué no comprendéis lo que digo? Porque no podéis oír mi palabra. Vosotros sois de vuestro padre el diablo, y queréis satisfacer los deseos de vuestro padre. Él era homicida desde el principio y no se basaba en la verdad, porque no hay verdad en él. Cuando habla mentira, de lo suyo propio habla, porque es mentiroso y padre de mentira* (Juan 8:43, 44). Podemos traducirlo de la siguiente manera: ¿Te aburre escuchar sermones de su Palabra? ¿Batallas para poner atención a las enseñanzas que vienen de él? ¿Te duermes en los cultos? ¿Te distraes y distraes a otros mientras se proclama su evangelio?

No se puede ser discípulo de Cristo sin la disposición y habilidad para escuchar su Palabra. Los estudiosos de la Biblia del tiempo de Jesús no pudieron entender lo que él decía, aunque los niños sí lo hacían. La razón era muy sencilla: Para entender la palabra de Dios hay que tener el corazón dispuesto y la voluntad rendida a él. No se puede aprender de la Biblia con el corazón cerrado, no se puede experimentar bendición en un sermón o clase bíblica con soberbia e indisposición en el alma. Pablo decía: *Pero el hombre natural no acepta las cosas que son del Espíritu de Dios, porque le son locura; y no las puede comprender, porque se han de discernir espiritualmente. En cambio, el hombre espiritual lo juzga todo, mientras que él no es juzgado por nadie. Porque, ¿quién conoció la mente del Señor? ¿Quién le instruirá? Pero nosotros tenemos la mente de Cristo. Y yo, hermanos, no pude hablaros como a espirituales, sino como a carnales, como a niñitos en Cristo. Os di a beber leche y no alimento sólido, porque todavía no podíais recibirlo, y ni aún ahora podéis; porque todavía sois carnales. Pues en tanto que hay celos y contiendas entre vosotros, ¿no es cierto que sois carnales y andáis como humanos?* (1 Corintios 2:14-16 y 3:1-3). Esta, pues, es otra manera como podemos evaluar nuestro cristianismo. Ser cristianos verdaderos incluye tener una disposición y pasión por la Palabra de Dios.

6. ¿En cuál ambiente te sientes más cómodo: En el mundo o en el reino? *No podéis beber la copa del Señor y la copa de los demonios. No podéis participar de la mesa del Señor, y de la mesa de los demonios* (1 Corintios 10:21). Hablando claro: ¿Eres fiel a las enseñanzas de Jesús? ¿En la escuela, barrio o trabajo te comportas como todos los demás? ¿Te emociona y entusiasma la fama, la gloria y la popularidad del mundo más que el testimonio cristiano? ¿Vives una vida doble con un pie en el mundo y otro en las cosas de Dios?

Los peces se sienten cómodos en el agua, los topos en la tierra y las águilas en el aire; los cristianos se sienten a gusto en la comunidad de fe, los inconversos en el mundo. Podemos decir que un verdadero cristiano disfruta un ambiente de *"amor, gozo, paz, paciencia, benignidad, bondad, fe, mansedumbre y templanza"*, en cambio el inconverso considera un ambiente así como una situación aburrida.

Hay tortugas de desierto y tortugas de agua. Si alguien no las conoce por sus características físicas, puede hacer algo para distinguirlas: Ponerlas en el agua. Una de ellas nadará felizmente, la otra se hundirá hasta el fondo con desesperación. Hay dos clases de seres humanos: Los cristianos y los inconversos. Si quieres saber quién es quién, ponlos en un culto, o en una actividad mundana. Ya sabes lo que hará cada uno. *Ser verdaderos cristianos tiene que ver con la habilidad y gusto por la vida cristiana.*

◾ 7. ¿De quién eres amigo? *¡Gente adúltera! ¿No sabéis que la amistad con el mundo es enemistad con Dios? Por tanto, cualquiera que quiere ser amigo del mundo se constituye enemigo de Dios* (Santiago 4:4). Hablando más claro aún: ¿Eres fiel amigo(a) de Dios?

No se puede ser amigo de Dios, y amigo de su enemigo. Cada uno de nosotros podemos ser amigos de quien queramos; pero si somos amigos de Dios, debemos cancelar algunos compromisos y relaciones. Ahora bien: ¿Qué significa ser amigo de alguien? Podemos hablar de muchas cosas, he aquí algunas cuantas: Ser amigo de alguien es pasar tiempo con él, es conocerlo, es darme a conocer, es tener comunicación profunda y cotidiana, es ser leal, es tener confianza, es buscar agradarlo, es hacerlo feliz. Un cristiano verdadero es amigo de Dios.

" " El desafío a no soltar la cuerda: *" "*

He aquí doce preguntas más. Se trata de otra manera de hacer las siete preguntas anteriores, o de una manera práctica de evaluarse a uno mismo. No hay una clave para la evaluación final; eso es algo que cada uno debe hacer. Esto sólo es un pretexto para reflexionar con sinceridad sobre la condición espiritual.

◾ 1. ¿Tienes problemas para poner atención a los sermones en un culto?

◾ 2. ¿Le cantas al Señor con más ganas y emoción que cantas las canciones del mundo?

◾ 3. ¿Te gusta participar en las actividades del templo (dramas, aplausos en los cantos, decir "aleluya", y algunas otras exclamaciones de alabanza) más que bailar, cantar, echar porras y gritar en las fiestas o partidos deportivos?

■ 4. ¿Alguna vez alguien se ha sorprendido porque hiciste algo que se supone que los cristianos no hacemos?

■ 5. ¿Has sido usado por Dios para que algunas personas le conozcan por medio de tu testimonio hasta convertirse en cristianos?

■ 6. ¿Has sufrido burlas, discriminación o molestias por ser cristiano?

■ 7. ¿Cuando por alguna razón no puedes asistir al culto, te sientes mal?

■ 8. ¿Lees la Biblia regularmente y hablas con Dios constantemente?

■ 9. ¿Se te facilita participar con testimonios en la iglesia como platicar y contar chistes con tus amigos inconversos?

■ 10. ¿Tienes la costumbre de tener devocionales diarios?

■ 11. ¿Estas creciendo o decreciendo?

■ 12. ¿Glorifica a Dios tu vida realmente?

La vida de los seres humanos y especialmente la de los jóvenes es tan valiosa, que sería una tragedia que no se guardara en la gracia de Dios para salvación. Lo más trágico sería que alguien que ha leído la Biblia, que ha asistido a las reuniones cristianas y que sabe del evangelio no fuera salvo.

Mientras que un anciano caminaba por la playa al amanecer, vio que un joven, unos pasos adelante, iba recogiendo de la arena estrellas de mar, que luego arrojaba al mar. Por último, al llegar hasta el joven, el viejo le preguntó por qué hacía eso. La respuesta fue: "Las estrellas de mar extraviadas en la arena morirían si las dejaba allí hasta que el sol calentara la playa". Pero hay muchos kilómetros de playa, y hay allí millares de estrellas de mar. ¿Habrá alguna diferencia después de ese esfuerzo tuyo?, objetó el anciano. El joven miró la estrella de mar que tenía en ese momento en la mano, la lanzó al mar y replicó: "Para esta sí habrá diferencia". Dios quiere hacer una diferencia contigo.

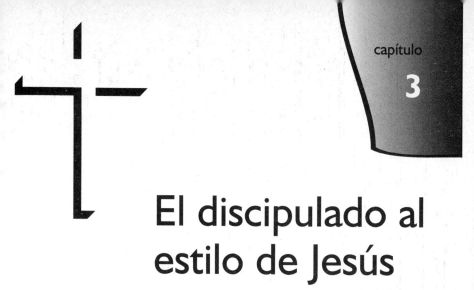

El discipulado al estilo de Jesús

*os dos discípulos le oyeron hablar y siguieron a Jesús. Jesús, al dar
vuelta y ver que le seguían, les dijo: ¿Qué buscáis? Y ellos le dijeron:
Rabí, que significa Maestro, ¿dónde moras? Les dijo: Venid y ved.
Por lo tanto, fueron, y vieron dónde moraba, y se quedaron con él
aquel día, porque era como la hora décima* (Juan 1:37-39).

La era moderna nos presenta una multitud de posibilidades
para las iglesias y los líderes que quieren discipular. Tenemos
métodos de muy diversas clases, podría decirse que para todos los
gustos. Algunos son muy profundos y exigen de una gran disciplina para someternos a ellos; otros son tan sencillos que, dicen
algunos, hasta un niño podría entenderlos. Aparece un método y
se convierte después de unos pocos meses en un "best seller" del
discipulado; y después aparece otro que le despoja de su lugar.

Sin embargo, a pesar de tantos materiales y métodos con los
que actualmente contamos, la necesidad de discipulado sigue
siendo en nuestras iglesias la número uno. Tenemos que reconocer que la existencia de cursos no es congruente con la
existencia de discípulos en nuestras congregaciones. El problema
es la filosofía que tenemos sobre la educación cristiana.

Cada vez que escucha la palabra discipulado, quizá alguien

esté pensando en la educación cristiana tradicional, y dirá: "¿Cómo que no tenemos discípulos, si tenemos un excelente programa de educación cristiana?". Permítame hacer una distinción entre el discipulado y la educación cristiana tradicional por medio del siguiente cuadro:

Educación cristiana tradicional:	Discipulado:
▸▸ Transmisión de datos	▸▸ Transmisión de experiencias
▸▸ Dar información	▸▸ Proveer formación
▸▸ Enseñar doctrina	▸▸ Enseñar estilo de vida
▸▸ Dirigir acciones	▸▸ Profundizar actitudes
▸▸ Transmisión de conocimiento	▸▸ Transferencia de vida
▸▸ El problema a resolver: La ignorancia	▸▸ El problema a resolver: El pecado
▸▸ El blanco: La mente	▸▸ El blanco: La voluntad (el corazón)
▸▸ El contenido: Doctrina y conceptos bíblicos	▸▸ El contenido: La persona de Cristo
▸▸ La meta: Que sepa la verdad	▸▸ La meta: Que conozca la verdad
▸▸ Se verifica: Cuando se sabe las respuestas	▸▸ Se verifica: Cuando se vive la verdad
▸▸ Resultado: Una mente llena y una vida estéril	▸▸ Resultado: Una vida como la de Cristo que se reproduce

Veamos algunos principios que emanan de la escritura y que quizá nos puedan acercar al discipulado de Jesús. Y decimos "acercar" solamente, porque el discipulado al estilo de Jesús merecería más tiempo y mayor profundización exegética por todos los Evangelios. Por ahora reflexionemos y veamos los siguientes principios:

▰▰▰ ¡no sueltes la cuerda!

La vida cristiana involucra todo nuestro ser: Espíritu, alma y cuerpo.

▮▮ El principio de lo personal. (Juan 1:35-46; Colosenses 2:6; Apocalipsis 3:20). No se puede pensar en las masas, en la colectividad o en el grupo grande cuando hablamos del discipulado. "Venid y ved", dijo Jesús a los hombres cuando los llamó al discipulado. Les dirigió a experimentar de manera personal; y de la misma manera sus seguidores compartieron el mismo principio a aquellos a los que compartieron después su experiencia.

El apóstol Pablo dijo en cierta ocasión: *Por tanto, de la manera que habéis recibido a Cristo Jesús el Señor, así andad en él* (Colosenses 2:6). ¿De qué manera lo recibimos? Por medio de la fe personal, como una experiencia de primera mano.

▮▮ El principio del encuentro. (Lucas 10:2-7). El discipulado no es un curso, ni una clase de escuela dominical, no es una conferencia, ni un sermón semanal; es un "encuentro" de dos seres humanos que caminan juntos en pos de Jesús, que crecen juntos, que se edifican juntos, que generan la vida cristiana y constituyen el reino de Dios sobre la tierra.

▮▮ El principio de la reproducción. (2 Timoteo 2:1, 2). Del mismo modo que el oyente judío de la exhortación en Deuteronomio 6:4-9, el discipulado es la tarea de reproducir en otro los principios, los ideales, las doctrinas, las prácticas, en fin, la fe transferida por Jesús de vida en vida. Es perpetuar una clase, o especie de seres humanos tocados por el maravilloso Jesús.

▮▮ El principio de lo integral. (1 Tesalonicenses 5:23). Como se señaló en las definiciones sobre el discipulado, no se trata de enfatizar sólo los elementos racionales en la tarea de transferir la vida; se trata de enriquecer integralmente la vida del discípulo. Su pensamiento, ideas, conceptos, convicciones, costumbres, disciplinas, hábitos, sentimientos, emociones; sus relaciones interpersonales con los que lo rodean del mundo y de la iglesia, su actitud ante la vida, ante las diversiones, ante la política, ante todo y ante todos. La vida cristiana involucra todo nuestro ser: *Espíritu, alma y cuerpo.*

▪▪ El principio del proceso. (1 Corintios 3:1, 2; Efesios 4:14; Hebreos 5:12). Cuando un niño nace, nadie le dice cómo es que debe respirar, ni se le explica qué músculos debe mover para extraer la leche del pecho materno, ni se le dan instrucciones sobre las implicaciones de la "patria potestad". Sencillamente se le da oportunidad de que desarrolle por instinto aquello para lo cual está capacitado, lo que realiza de manera excelente. Es un poco después que comienza a preguntarse el "porqué" de todo lo que pasa a su alrededor. Quizá deberíamos de la misma manera en nuestro discipulado, enseñar primero las prácticas elementales de la vida cristiana. Pero más que enseñarlas como teoría, deberíamos impulsar al nuevo creyente a desarrollar dichas disciplinas, como orar, leer la Biblia, confesar sus pecados, vencer la tentación, testificar, diezmar, asistir a la celebración de la iglesia. No resulta sabio comenzar como es nuestra tendencia, con la teoría de la fe, que muy a menudo no es entendida cabalmente, y además inhibe el desarrollo de la vida cristiana en forma natural.

El Señor nos dejó la tarea de discipular.

▪▪ El principio de cumplir "La Gran Comisión". (Hechos 8:4; 16:5). Uno de los problemas del discipulado radica en que se está dando más entre los grupos paraeclesiásticos que en la iglesia misma. Esto impide que el propósito final del discipulado se consolide. En el Libro de los Hechos es notable que en la iglesia primitiva los creyentes salieran no sólo a ganar almas, sino a establecer iglesias. Es decir, hacían discípulos para hacer iglesias. Pablo, en su segundo viaje misionero, salió a confirmar lo que había hecho

▪▪▪ ¡no sueltes la cuerda!

en su anterior viaje. ¿Qué es lo que había hecho? Había cumplido "La Gran Comisión", había hecho discípulos, y los había dejado constituidos en iglesias. La gran verdad sobre el discipulado es que su meta final es establecer el reino de Dios sobre la tierra, estableciendo iglesias nuevas.

▌▌ El principio del Espíritu Santo. (Gálatas 5:25; Mateo 28:18-20; Hechos 1:8).

Pareciera difícil y complicada la tarea del discipulado, pero no lo es si consideramos que todo lo que somos se constituye en herramienta en las manos del Espíritu de Dios. Si él no lo hace, por más intelectualismo, por más metodología y por más énfasis de cualquier tipo que hagamos, no valdrá la pena. Podemos hacerlo muy a la americana (anglosajonamente hablando), o podemos hacerlo muy a la mexicana (de manera autóctona), pero si el Espíritu Santo no nos inunda para hacerlo, igual da. El discipulado es una tarea que diseñó Dios, sólo tenemos que seguirle los pasos y dejar que él lo haga por medio de nosotros.

El Señor nos dejó la tarea de discipular. La Gran Comisión no es sólo predicar; eso es sólo una parte de ella. *"Haced discípulos a todas las naciones"* fue su orden y a ello deberíamos dedicarnos con seriedad. **El Señor nos transfirió su vida para que la compartamos con otros en nuestro diario vivir; y hacerlo es, además de cumplir la Gran Comisión, hacer crecer a las iglesias y hacer un mundo mejor, con más personas que manifiesten la vida del hombre más extraordinario que ha pisado la tierra: Jesucristo.**

Mateo 7:12

La Regla de Oro para el joven cristiano

A través de la historia, los seres humanos siempre han buscado claves significativas para la vida. En el mundo existen códigos de ética, reglamentos, constituciones, reglas, leyes y todo tipo de manifestaciones de principios para vivir en comunidad. Los sabios de todas las épocas han procurado resumir o concretizar sus enseñanzas en alguna máxima que pueda ser aplicada en toda circunstancia. He aquí algunos ejemplos de este encomiable esfuerzo:

Confucio (filósofo chino), cuando un discípulo le preguntó "¿con qué regla puedo ordenar toda mi vida?" dijo: **"No hagas a otro lo que no deseas que te hagan".** Ciertamente se trata de una buena enseñanza ¿no es cierto? Otros han dicho cosas semejantes.

Tobías (4:15), Libro Deuterocanónico, dice: **"Lo que odias no lo hagas a nadie".**

Filón (filósofo griego) enseñaba: **"No debe uno hacer lo que le disgusta que le hagan".**

Eliécer (rabino judío) decía: "Que el honor de tu amigo sea tan claro para ti como el tuyo propio".

Hillel (maestro judío) cuando alguien le preguntó "¿puede enseñarme toda la ley mientras me sostengo en un solo pie?" Su respuesta fue: **"Lo que te es odioso no lo hagas a nadie"**.

. . . la

Regla de Oro

puede seguirse

aplicando.

Benito Juárez (ex presidente y héroe mexicano) declaró: **"El respeto al derecho ajeno es la paz"**.

Tenemos que reconocer que todas estas máximas, expresiones de sabiduría práctica son muy importantes, y ciertamente significativas. Pero, comparadas con lo que dijo el Señor, se convierten en **"simples reglas de cobre"**.

Nuestro Señor, como el más sabio de los hombres, también hizo un resumen de la ley de vida. En el Sermón de la montaña, integró lo que los cristianos denominamos: **"La Regla de Oro"**.

- *"Así que en todo traten ustedes a los demás tal y como quieren que ellos los traten a ustedes. De hecho, esto es la ley y los profetas"* (NVI).

- *"Así que, todo lo que queráis que los hombres hagan por vosotros, así también haced por ellos, porque esto es la Ley y los Profetas"* (RVA).

- *"Así pues, hagan ustedes con los demás como quieran que los demás hagan con ustedes; porque esto en eso se resume la Ley y los Profetas"* (Versión Dios Habla Hoy).

- *"Traten a los demás como ustedes quisieran ser tratados, porque eso nos enseña la Biblia"* (Versión: Lenguaje sencillo).

➤ **A.** **Un desafío a ir más allá.** La regla de cobre es la regla del no hacer: *"no hagas a otro lo que no quieres que te hagan"*. Muchos maestros, además de los que hemos citado, han enseñado esta máxima a través de la historia. Se trata de una regla carente de espiritualidad, incluso los muertos la pueden cumplir. Podemos incluso obligar a los delincuentes a cumplirla si les ponemos tras las rejas, y no podemos decir que por eso sean buenos. Tenemos que reconocer que se trata de una regla elemental de la vida en comunidad, no podríamos vivir en paz sin el cumplimiento de esta simple regla. Algunos la dicen de la siguiente manera: "Tu libertad termina donde comienza la mía". Si no hiciéramos caso a esta regla sencilla de urbanidad, viviríamos en el salvajismo total. Quien cumple la regla de cobre, entonces, es una persona civilizada.

Pero nuestro Señor no nos mandó cumplir con la regla de cobre. Él nos desafía a ir más allá de la civilización. La Regla de Oro, no es la regla del no hacer, sino la regla del hacer. Él no nos desafía a no hacer el mal, sino a hacer el bien. La verdad es que se necesita más valor, más disciplina, más arrojo y más capacidad de obediencia para hacer el bien que para no hacer el mal. No hacer el mal viene a ser en beneficio de nosotros mismos, pero hacer el bien bendice a otros y es algo que tiene un costo. ¡Vayamos más allá!

➤ **B. Un desafío a ser útil.** Si alguien nos presume diciendo: "Yo no le hago mal a nadie, no he matado a nadie, no he robado a nadie, etc."; podemos decirle: "Qué bien, lo mismo hacen las piedras". El énfasis de la vida cristiana no es la "inutilidad" del cumplimiento legalista de las prohibiciones morales y el ceñimiento civilizado a la ley.

El énfasis de la fe cristiana es a la "utilidad" de nuestra vida. Estamos aquí para mucho más que para no hacer cosas malas. Estamos aquí para dar vida, para compartir nuestras cosas, para ayudar a otros, para dar fruto de vida por medio de nuestras acciones. Alguien que no hace nada malo, también puede ser un inútil. Y hay que decirlo, muy a menudo, alguien que quiere hacer el bien termina dañando a alguno que se atravesó por ahí, pero eso es un riesgo que hay que correr si queremos cumplir la Regla de Oro. ¡Seamos útiles!

➤ **C. Un desafío a amar.** El enemigo de la Regla de Oro es el egoísmo y el antídoto es el amor. Uno puede ser un egoísta y cumplir con la regla de cobre. De hecho, en este planeta hay gente que se enconcha en su mundo, que vive recluida en su castillo de la pureza, que vive sospechando de todos, quejándose de todos y por si fuera poco, alardea de no hacerle mal a nadieLa vida cristiana y la santidad a la que fuimos llamados no tiene nada que ver con ser un "inadaptado social". El Señor nos llamó y nos desafía a dejar el egoísmo y amar a los demás hasta hacer algo por ello. Recordemos que dijo: "Ama a tus enemigos". Bajémonos de nuestra soberbia, y a pesar de lo complicado que resulta en estos tiempos, amemos. ¡Amemos!

➤ **D. Un desafío a servir.** Para cumplir la regla de cobre no se necesita estar vivo, como dijimos antes, también los muertos la cumplen, y al pie de la letra, pero para cumplir la Regla de Oro hay que estar muy vivo. Hacer a otros lo que queremos que nos hagan es elegir vivir a plenitud, es dar significado a los que nos rodean. Cuando el Señor contó la parábola del buen samaritano, para enseñar lo que es "amar al prójimo", hizo una pregunta interesante: *"¿Quién de estos tres parece que fue el prójimo de aquel?"*.

Recordemos la historia: un hombre golpeado por unos ladrones es dejado en el suelo, un levita pasó de largo, un sacerdote pasó de largo, y un samaritano lo ayudó. La respuesta a la pregunta del Señor debería ser "pues todos" todos fueron sus prójimos, todos estuvieron cerca de él, próximos a él. Sin embargo, para el Señor sólo uno fue su prójimo, aquel que tuvo significado para su vida. Podemos decir que aquellos que no hacen nada por los demás, es como si estuvieran muertos, como si no existieran. Podemos decir que están gastando oxígeno de balde ¿no? ¡Vivamos!

➤ **E. Un desafío a amar presente.** La Regla de Oro es un asunto vigente. Cuando el Señor la dijo había circunstancias diferentes a las nuestras, pero en lo básico, la humanidad es la misma; hombres, mujeres, ancianos, jóvenes y adultos con necesidades, con luchas, con sueños, con frustraciones. Vivimos en un mundo como el de entonces, y la Regla de Oro puede seguirse aplicando. No podemos hacer mucho con la gente de todo el mundo que vive en guerra, en odio y en un egocentrismo destructivo y devastador, pero sí podemos comenzar con aplicarla nosotros mismos. Veámoslo de la siguiente manera: La ley me prohíbe atropellar, montones de reglas de tránsito y del código penal se desatan si yo violare esta ley de cobre, pero no hay ley en el mundo que obligue a que yo use mi carro para servicio de otros seres humanos. La ley de Jesús, la "Regla de Oro" sí me desafía en esa dimensión.

La ley de cobre me demanda a no robar; impuestos, requerimientos, etc., se desatan contra mí si se me ocurriera ir en contra de esta elemental norma de vida social. Pero no hay ley que me obligue a dar de los bienes que Dios me permite, para beneficio de otros. Jesús sí le dijo al joven rico: "...*vende todo lo que tienes y dalo a los pobres*". Puedo conformarme con no ser un ratero, o puedo ser un dador que cumple con la Regla de Oro.

" " " " Conclusión " " " "

La Regla de Oro se aplica en cosas sencillas, como cuando me estaciono en las afueras del templo, cuando uso un cajero automático, cuando cargo gasolina en mi coche, cuando un niño desvalido me limpia el cristal del auto por unas monedas. Pero también se aplica en las cosas más trascendentes de la vida, como en el amor que muestro a mi esposa y a mis hijos, como en el ministerio que cumplo en la iglesia para el cual me preparo como merece Dios que me prepare. Cuando ejerzo autoridad, cuando debo perdonar, cuando trato a los hijos ajenos como quiero que traten a los propios.

¿Me conformo con no hacerle mal a nadie o estoy dispuesto a correr el riesgo de servir? Pericles caminaba cada día de su casa hasta el Senado donde atendía los asuntos públicos. Un día, un hombre que parecía tener motivos para estar enfadado con él, le esperó en el camino y le dirigió toda clase de insultos y amenazas. Cuando terminó los asuntos en el Senado, aquel individuo le estaba esperando a la puerta e hizo lo mismo en todo el camino hacia la casa de un amigo donde Pericles estaba invitado a comer. Así, a lo largo de todo el día, le perseguía como si fuera su sombra. Al atardecer, Pericles regresó a su hogar y le volvió a suceder lo mismo con aquel enemigo político que no dejaba de ofenderle y amenazarle. Cuando entraba por la puerta de su casa ya era oscuro. Aquel hombre profirió unas cuantas ofensas más ante la puerta cerrada y empezó a retirarse. Al bajar la calle, ya en la oscuridad, vio que alguien se le acercaba con una antorcha: "¿Quién es?", preguntó. "Soy el criado de Pericles, él me ha enviado para que ilumine el camino hasta tu casa".

La Regla de Oro es la máxima más importante de la vida del cristiano en cuanto a su comportamiento, es la cumbre de la ética más extraordinaria que existe, y es la demanda de nuestro Señor. Podemos aplicarla a nuestra vida, podemos someternos a ella, y para motivarnos, permítanme decir tres cosas más: a) vivir la Regla de Oro es un acto de sabiduría, en tanto que nos hace vivir con significado, no sin problemas, pero sí a plenitud; b) vivir la Regla de Oro es un acto de obediencia, es agradar a nuestro maestro, es someternos a su voluntad; pero lo más hermoso; c) vivir la Regla de Oro es "imitar" a quien no sólo la enseñó, sino la vivió a plenitud.

. . . vivir la Regla de Oro es "imitar" a quien no sólo la enseñó, sino la vivió a plenitud.

Decía el Señor *"Bástale al discípulo ser como su maestro, y al siervo como su señor"* (Mateo 10:25). ¿Queremos ser como Cristo? Vivamos la Regla de Oro todos los días de nuestra vida. No nos concedamos la tragedia de vivir un día sin haber hecho a los demás lo que nos gustaría que nos hicieran a nosotros. Los cristianos no creemos en una salvación *por* obras, pero si creemos en una salvación *con* obras. ¡Vive la Regla de Oro todos los días de tu vida!

Mateo 1:12-26

Las raíces de la fe: Los valores sí valen

M i maestro de arte dramático y composición poética se decía ateo. Yo estaba en mi primer amor, así que cada vez que me ordenaba escribir un verso rimado y medido aprovechaba la ocasión para hablarle de Cristo. Cuando pasamos a la expresión poética en versos libres se estableció una especie de duelo literario entre él y yo. No había semana en la que alguno de los dos no leyera algún poema en el que desafiara al otro en cuanto a los asuntos de fe. Aún oro para que se convierta y podamos imprimir los más de 12 poemas que nos proferimos el uno al otro. Transcribo aquí uno de los poemas que él me escribió:

A Gilberto Gutiérrez Lucero
Enemigo acérrimo del diablo

Amigo lo sé,
estoy hecho de arena
y cuando las olas me alcancen solo quedará un recuerdo de mí
estos malos poemas
y dirán ¡qué bueno era!
y con palabras huecas se acordarán de mí
solo mientras la ola me convierte en sal.
Y a ti te pasará lo mismo
pero, por tu fe quizá,

tus raíces sean tan firmes que necesaria sea
la mar entera para desadherirte.

Y ahí estaremos tú y yo
y uno de los dos, equivocado, dejará que el otro le palmee
mientras tanto, camarada
déjame creer en lo que creo
en la arena, en el sol, en la mar entera
en la misma forma persistente como creo en ti, amigo mío
Fernando Chávez Amaya

Tres cosas me impresionaron y halagaron de sus palabras. Primero: Me define como enemigo acérrimo del diablo, tal vez en respuesta a la manera como yo le llamé en un poema anterior ("enemigo acérrimo de la verdad"). Segundo: Reconoce que puede estar equivocado. Tercero: Se refiere a mi fe como la causa de raíces firmes.

Los seres humanos el día de hoy, y especialmente los jóvenes, necesitamos raíces firmes. Los cristianos hemos sido plantados en Jesús, así que Jesús es nuestra raíz. Somos pámpanos de la vid verdadera que es él. Aún en medio de un mundo perdido, los jóvenes cristianos pueden levantarse en victoria si profundizan en su raíz y traducen su fe en valores prácticos para vivir. Comparto con ustedes la palabra de Jesús en donde hace referencia a los jóvenes y sus actitudes. Podemos encontrar aquí algunos valores y en cada caso, el anti-valor que hay que destruir.

➢ **El valor del esfuerzo:** ¡Duro contra el anti-valor de la pereza! *Desde los días de Juan el Bautista hasta ahora, el reino de los cielos sufre violencia, y los violentos se apoderan de él* (Mateo 11:12). La versión RVR-1960, dice: *Desde los días de Juan el Bautista hasta ahora, el reino de los cielos sufre violencia, y los violentos lo arrebatan.* Esto tiene que ver con la capacidad de entrega en pos de una cosa que se quiere conseguir.

La vida, no sólo la cristiana, sino la vida misma es un asunto que no es apto para holgazanes. Aquellos que se dedican a ver la vida pasar no son aptos para el cristianismo. Aquellos que quieren seguir a Jesús deben ser atrevidos, dispuestos a batallar, listos para enfrentar la oposición y comprometidos con la tarea.

Aquellos que realizan cosas extraordinarias siempre tienen que enfrentarse con aquellos que dicen: "¡Yo lo hubiera hecho también!". Aquellos que nunca hacen nada siempre opinan que alguien se les adelantó. El cristiano no necesita pretextos, lo que necesita es hazañas por realizar.

Ahora bien, es la costumbre considerar a los jóvenes como gente con estas características. Sin embargo, los psicólogos modernos dicen que las características de las nuevas generaciones no son necesariamente así. La modernidad, las comodidades de la tecnología, las nuevas dinámicas sociales y la contaminación moral hacen que algunos jóvenes sean perezosos, pasivos y poco atrevidos.

Jesús dijo que desde que vino Juan el Bautista al mundo hay una guerra de fuerzas, y sólo aquellos que se atreven con valor a vencer tienen la oportunidad de la victoria. Algunos sólo se atreven a hacer cosas extraordinarias en los juegos de computadora, tiran patadas, echan maromas, matan y cruzan universos, aunque todo lo que tienen que mover es el dedo pulgar. Pero seguir a Jesús es otra cosa. *Si vas a hacer de Jesús tu raíz, debes cultivar el valor del esfuerzo.*

➤ **El valor de la atención:** ¡Duro contra el anti-valor de la indolencia! *Porque todos los Profetas y la Ley profetizaron hasta Juan. Y si lo queréis recibir, él es el Elías que había de venir. El que tiene oídos, oiga* (Mateo 11:13-15). La indolencia tiene que ver con la insensibilidad, la pereza de los sentidos, la no afectación, y eso es lo que muchos experimentan el día de hoy ante lo que pasa en su entorno. El Señor dijo, bienaventurados los que lloran, es decir, los sensibles.

El problema de muchos el día de hoy es que no son capaces de responder a las señales del Señor que se nos revela de una y mil maneras. La expresión **El que tenga oídos, que oiga** es muy clara; se trata de un llamado para todos aquellos que tenemos la oportunidad de recibir la revelación especial que él nos ha mandado. No dejemos pasar la oportunidad de conocerle y seguirle. Ahora bien, este llamado era especialmente para aquellos que conocían la religión, que tenían acceso a la palabra, que supuestamente caminaban en la fe; sin embargo, no estaban atendiendo a la voluntad de Dios. Digamos que se trata de un desafío a los que regularmente van a una iglesia a no desperdiciar el tiempo y entregarse a Jesús antes de que sea demasiado tarde. La indolencia puede hacer que alguien que nace en un hogar cristiano finalmente se condene: *Si vas a hacer de Jesús tu raíz, debes cultivar el valor de la atención. ¡Pongamos atención y sigámosle enraizándonos en él!*

➤ **El valor de la decisión:** **Duro contra el anti-valor de la apatía.** *"Pero, ¿a qué compararé esta generación? Es semejante a los muchachos que se sientan en las plazas y dan voces a sus compañeros, diciendo: 'Os tocamos la flauta, y no bailasteis; entonamos canciones de duelo y no lamentasteis'. Porque vino Juan, que no comía ni bebía, y dicen: '¡Demonio tiene!'. Y vino el Hijo del Hombre, que come y bebe, y dicen: '¡He aquí un hombre comilón y bebedor de vino, amigo de publicanos y de pecadores!'"...* (Mateo 11:16-19).

La apatía fue inventada en el infierno. Es la enfermedad del que no toma decisiones a tiempo, del que deja pasar el tiempo sin llegar a una convicción. Este es el problema del mundo moderno.

Se dice que en el infierno hubo una convención y los demonios reflexionaron sobre el problema que les causan los evangélicos.

—¡Estamos perdiendo terreno!— dijeron. ¿Qué podemos hacer?

Después de muchas discusiones, el diablo mayor dijo:

—¡Es tiempo de usar mi arma secreta!

Los condujo por un pasadizo secreto y en las mazmorras del infierno, en el lugar más caliente, dentro de un cofre, tenía su arma. Abrió el cofre y lo que saco de ahí, fue "La Apatía". Les dijo:

—Vayan al mundo e inyecten a todos de apatía. Eviten que los esposos busquen ayuda, hagan que los trabajadores dejen de esforzarse, pongan tropiezo a los jóvenes para que estudien y se esfuercen por terminar sus carreras—.

Aunque esta es una historia imaginaria, una cosa sí es cierta, el diablo ha inyectado apatía a muchos jóvenes y desde entonces sobreabundan los pretextos: para no ir al templo, para no compartir con la Unión de Jóvenes, para no entregarse a Cristo de verdad, para no bautizarse, para no dejarse transformar, para no vivir la vida cristiana intensamente, para no dejar un hábito, para no seguir. En ningún lado se dan medallas a los que no compiten; nadie recuerda a quienes desistieron de una empresa determinada. *Si vas a hacer de Jesús tu raíz, debes cultivar el valor de la decisión.*

➤ El valor de la oportunidad: ¡Duro contra el anti-valor de la negligencia!

"Pero la sabiduría es justificada por sus hechos. Entonces comenzó a reprender a las ciudades en las cuales se realizaron muchos de sus hechos poderosos, porque no se habían arrepentido: ¡Ay de ti, Corazín! ¡Ay de ti, Betsaida! Porque si se hubieran realizado en Tiro y en Sidón los hechos poderosos que se realizaron en vosotras, ya hace tiempo se habrían arrepentido en saco y ceniza. Pero os digo que en el día del juicio el castigo para Tiro y Sidón será más tolerable que para vosotras. Y tú, Capernaúm, ¿serás exaltada hasta el cielo? ¡Hasta el Hades serás hundida! Porque si entre los de Sodoma se hubieran realizado los hechos poderosos que se realizaron en ti, habrían permanecido hasta hoy. Pero os digo que en el día del juicio el castigo será más tolerable para la tierra de Sodoma, que para ti" (Mateo 11:19-24).

La declaración del Señor en este pasaje es trascendentalmente grave y delicada. El asunto es el siguiente: su presencia y los milagros que realizó en Corazín, en Betsaida y en Capernaúm deberían haber sido suficientes para que la gente de ahí se convirtiera, sin embargo muchos lo rechazaron y otros permanecieron negligentemente pasivos. Por otro lado, Tiro y Sidón son ciudades paganas; sin embargo, en ellas el Señor Jesús encontró respuesta, aun cuando no realizó en ellas muchos milagros. *"...De Jerusalén, de Idumea, del otro lado del Jordán, y de los alrededores de Tiro y de Sidón, oyendo cuán grandes cosas hacía, grandes multitudes vinieron a él"* (Marcos 3:8 RVR-1960). El problema tiene que ver con responsabilidad. A quien más se le da, más se le exige. Podemos traducirlo y aplicarlo a nuestra vida de la siguiente manera: Es más grave y será más grande el castigo para nosotros que conocemos la Palabra y tenemos posibilidad de ir a un templo, si le rechazamos, que el de aquellos que estando lejos le buscan. Por eso, es tan serio el pecado de la negligencia, y es tan importante aprovechar la oportunidad que Dios nos da. Sabes cuánto esfuerzo, tiempo, estudio, y trabajo cuesta hacer un libro como él que estás leyendo. ¿Sabes cuánto cuesta un culto como al que asistes cada semana? ¿El edificio en el que cómodamente te reúnes con tu congregación, la energía eléctrica que se usa; el agua, los impuestos, el mantenimiento, las bancas, el personal de limpieza, el sostenimiento de los siervos que participan, los instrumentos de sonido, video e Internet, el personal que participa entregando su tiempo, habilidades y trabajo etc.? Todos estos elementos son inversiones enormes de parte de Dios. ¿No sería una necedad desperdiciarlo todo? ¿No resulta trágico no aprovechar la oportunidad para aprender, crecer y tomar decisiones? ¿No es una soberana y trágica pérdida de la oportunidad? Lo triste es que, igual que en aquella ocasión, el día de hoy hay muchos que prefieren seguir en sus impulsos mundanos, sus instintos carnales, ignorando las demandas, invitaciones y promesas de Dios. Incluso existen jóvenes que hacen todo lo posible por escaparse de los cultos de cada domingo.

Haz del Señor Jesucristo tu ideal . . . ¡Atrévete a seguirlo!

Otros que son obligados por sus padres a estar presentes, se evaden en sus pensamientos, sin darse cuenta de que están siendo manipulados por una influencia maligna. No es cosa simple actuar con negligencia ante el mensaje del Señor: *Si vas a hacer de Jesús tu raíz, debes cultivar el valor de aprovechar la oportunidad.*

➤ **El valor de ser joven:** ¡Duro contra el anti-valor de la desubicación! *En aquel tiempo Jesús respondió y dijo: "Te alabo, oh Padre, Señor del cielo y de la tierra, porque has escondido estas cosas de los sabios y entendidos, y las has revelado a los niños. Sí, Padre, porque así te* *agradó"* (Mateo 11:25-26). Así como hay jóvenes caprichosos que no se contentan con nada y que rechazan todo lo que se les ofrece, según nos habló el Señor en versículos anteriores, también hay jóvenes que son como niños sencillos que aceptan lo que se les da de parte de Dios. Todos lo sabemos; existen algunas virtudes en los seres humanos características de cada época de la vida, de cada edad, y resulta un problema cuando se pretende vivir las que no corresponden. Por ejemplo, muchos jóvenes quieren crecer demasiado rápido y se anticipan en sus relaciones amistosas y pretenden vivir noviazgos que sería bueno buscar en una edad más avanzada. Es triste pero muy a menudo nos encontramos con jóvenes o jovencitas viviendo trágicas situaciones de amor y desamor que son propias de gente mayor, algunos incluso incluyen el cigarro en sus dietas y hasta hablan de necesitarlo desesperadamente al salir de la escuela. ¿Por qué adelantarse y vivir tan apresuradamente la vida? Algunos hablan de ser joven todo el tiempo, pero eso no se puede. Cada quien es lo que es y tiene ciertas condiciones, podemos intentar conservar las características positivas de alguna etapa, como la pureza de la niñez, la pasión de la adolescencia, el idealismo de la juventud, la responsabilidad de la edad adulta y la sabiduría de la vejez. Pero necesitamos vivir a plenitud cada etapa, porque cada etapa también tiene sus desventajas: la niñez es ignorante, la adolescencia irresponsable, la juventud inconsistente, la edad adulta es el inicio del declive de las fuerzas físicas y la vejez es demasiadas veces debilidad o enfermedad. ¿Por qué no vivir a plenitud cada etapa de la vida? Joven, ¿quieres estar en onda? ¿Quieres ser realmente original? ¿Quieres tener una vida emocionante, extraordinaria y plena? ¡Entrégate a Cristo y síguelo con todas tus fuerzas!

Los jóvenes se definen como gente libre. ¡Sé libre de vicios, de malos hábitos, de pasiones indebidas! Los jóvenes se definen como idealistas. Haz del Señor Jesucristo tu ideal y síguelo. Los jóvenes se definen como fuertes, valientes y atrevidos. *¡Atrévete a seguirlo!*

Lealtad a Cristo

U n hombre quiso aprender a pilotear un avión y decidió comprar una pequeña avioneta y un libro sobre aviación. Se dijo: "No debe ser muy difícil hacerlo". Las instrucciones eran bastante sencillas, así que se subió al avión y siguió las instrucciones al pie de la letra; mientras leía las lecciones sobre el despegue, despegó. Después de una hora de lectura y vuelo, decidió bajar y tomó su libro para encontrarse con la siguiente instrucción al respecto: "Si quiere aprender a aterrizar, compre el Tomo número II de nuestro curso". La vida es igual, tenemos momentos hacia arriba y otros en los que hace falta el aterrizaje.

En todos los Congresos Juveniles se experimenta un gran avivamiento. Las conferencias, los sermones, talleres y actividades especiales siempre son enriquecedoras y desafiantes. Sentimos una intensa motivación y disposición para la entrega. Pero, como dicen por ahí: "Lo difícil no es llegar sino mantenerse". No podemos quedarnos ahí para siempre, no podemos atorarnos en la historia y vivir en la contemplación del "pasado glorioso" y desistir de nuestra responsabilidad en el presente y con el futuro. Por esta razón, permítanme compartirles algunos principios indispensables para bajar de la cumbre al valle, para apoyarnos en la historia y conquistar el futuro con un actuar responsable en el presente. Necesitamos, como dicen ustedes algunos, "aterrizar". Necesitamos dar sentido a la experiencia y hacerla tan fructífera en la vida cotidiana, como intensa fue al experimentarla.

➤ El principio de Josué y Caleb. La perfección de la visión. *...excepto Caleb hijo de Jefone el quenezeo, y Josué hijo de Nun, quienes con integridad han seguido al Señor* (Números 32:12). Se trata de la permanente actitud de seguir la voluntad de Dios. Ni Josué ni Caleb eran perfectos en el sentido literal, pero su actitud, su visión, su deseo de hacer la voluntad de Dios eran perfectos. Mientras vivimos en este mundo, Dios no espera que vivamos en la perfecta santidad, ¡no podemos! Pero sí espera que nuestra intención sea perfecta. ¡No dejemos de apuntar a nuestras metas, personales y colectivas! ¡No dejemos de luchar por cumplir nuestra misión! ¡No dejemos de contemplar la visión que Dios nos ha dado! Dejar de soñar es dejar de creer, dejar de creer es dejar de aspirar a crecer, dejar de aspirar a crecer es dejar de avanzar, dejar de avanzar es dejar de vivir y dejar de vivir es la muerte. El mundo está lleno de muertos en vida que ya lograron grandes cosas pero no supieron mantenerse ahí. Cuando Dios nos bendice en una experiencia colectiva, experimentamos la tentación de querer permanecer ahí por mucho tiempo. Cuando recordamos cómo nos ha bendecido Dios en el pasado, experimentamos la tentación de estancarnos en los logros de nuestros héroes. Es entonces cuando necesitamos aplicar este principio de Josué y Caleb: **Seamos perfectos en visión y no dejemos de ir hacia delante.**

➤ El principio de Job. La perfección de la fe. *Pero yo sé que mi Redentor vive, y que al fin se levantará sobre el polvo* (Job 19:25). Se trata de la permanente actitud de esperar en la gracia de Dios. El sufrimiento de Job no fue suficiente para hacerlo claudicar en su fe. Siempre estuvo seguro de que aquella crisis no sería eterna.

Esto tiene que ver con la conciencia de que la vida es una aventura de altibajos. Querer estar siempre en las glorias de la inspiración, la emoción y la victoria no sólo es inalcanzable, sino una patología peligrosa que puede condenarnos a la simulación, la frustración y la depresión. Todos los héroes de la fe tuvieron crisis, desesperanzas, luchas y momentos difíciles: Abraham, Moisés, David, Salomón, Elías, Jeremías, Pedro, Pablo etc. Si después de una gran victoria nos sentimos agotados, si después de un gran logro nos sentimos vacíos y/o extraños, todo lo que tenemos que hacer es creer que Dios tiene algo más para nosotros; tiene nuevos caminos, nuevos retos. Los tiempos más peligrosos para los seguidores de Jesús no son los momentos de prueba, sino los momentos de victoria y logros extraordinarios. Es común que después de subir a la cumbre, tropecemos con alguna roca y caigamos. Reflexionar sobre nuestra historia y enorgullecernos de nuestra identidad colectiva a través de los siglos tiene sus riesgos. Puede ser que nos miremos al espejo de nuestra realidad y descubramos serias fallas, defectos, errores o fracasos; y la depresión, la desesperanza y la desilusión se apoderen de nuestro corazón. Es entonces cuando hace falta el principio de Job, **la perfección de la fe.** Necesitamos recordar y creer con todo el corazón que Dios tiene planes extraordinarios para cada uno de nosotros, y que quiere usarnos como usó a los antiguos. Una fe perfecta como la de Job nos ayuda a salir adelante en toda lucha.

"Yo sé que mi Redentor vive".

Es probable incluso que, algunas veces, nos sintamos incómodos con la alegría o euforia de los demás en medio de una reunión juvenil. Puede ser que uno piense: "¿Por qué a mí no me hablaría el Señor como dicen los demás que les habló a ellos?". Pero Dios tiene un plan para cada uno de nosotros. Hay momentos en los que necesitamos someternos a la gracia de Dios en silencio y aceptar los tiempos de lucha, tiempos de reflexión, tiempos de quietud y esperar. Cuando te sientas en un "bache" espiritual, di como Job: *"Yo sé que mi Redentor vive"*.

➢ El principio del monte de la transfiguración. La perfección en la vida diaria.

Aconteció que, mientras aquellos se apartaban de él, Pedro dijo a Jesús, sin saber lo que decía: Maestro, nos es bueno estar aquí. Levantemos, pues, tres enramadas: una para ti, otra para Moisés, y otra para Elías. Mientras él estaba diciendo esto, vino una nube y les hizo sombra. Y ellos tuvieron temor cuando entraron en la nube. Entonces de la nube salió una voz que decía: "Este es mi Hijo, el Escogido. A él oíd". Cuando cesó la voz, Jesús fue hallado solo. Y ellos callaron, y en aquellos días no dijeron a nadie nada de lo que habían visto. Aconteció al día siguiente, cuando habían bajado del monte, que una gran multitud le salió al encuentro (Lucas 9:33-37). Consiste en la sabiduría de entender que no es adecuado permanecer en un estado de éxtasis constante en nuestra vida. Los momentos de gloria, los momentos de celebración gozosa como pueblo, los tiempos de gran emoción y fervor espiritual que nos llevan a las lágrimas, esos momentos no son ni deben ser para siempre. Sirven para darnos ánimo, visión y compromiso, pero después de vivirlos, tenemos que enfrentar la realidad de todos los días. Es ahí donde tiene sentido todo lo que proclamamos en tales experiencias congregacionales o devocionales. Pedro tuvo una buena idea, dijo: "¿Por qué no nos quedamos por siempre en esta maravillosa experiencia? Estamos tan bien, hagamos casa para permanecer aquí por siempre". Sin embargo, la Palabra dice: *...cuando habían bajado del monte, que una gran multitud le salió al encuentro*. El Señor no aceptó esa magnífica idea de Pedro. Después de una gran experiencia debemos "bajarnos del monte" y enfrentar la cotidianeidad de nuestra vida; poniendo en práctica la enseñanza y la fuerza recibida.

Un niño tenía una pequeña tortuga llamada Alberto. Un día Alberto se salió de su pequeña pecera, cayó desde el librero y se quedó inmóvil. El pequeño comenzó a llorar desconsolado ante el suceso. Su papá, que era un buen psicólogo que aplicaba sus conocimientos en las ventas, decidió que tenía que hacer su mejor esfuerzo y convencer a su hijo de que aquella experiencia tenía algo de bueno. Esto fue lo que le dijo: *"Déjame decirte hijo mío que esto es lo mejor que pudo haber pasado. Alberto se encuentra en este momento camino al cielo de las tortugas y eso es maravilloso. Él está contento y quiere verte contento a ti también. Esto es lo que haremos: Vamos a tener una pequeña fiesta de funeral y vamos a invitar a tus amigos y tendremos pastel y helados y juegos para todos; será increíble".* Su hijo dejó de llorar y comenzó a sonreír. El padre sabía que estaba haciendo un buen trabajo, pero debía terminarlo, así que dijo: *"Vamos pues al patio trasero y hagamos el funeral. Trae a Alberto y pongámoslo en una caja de zapatos para sepultarlo".* Así lo hicieron; pero, cuando el pequeño abrió la caja de zapatos para despedirse de su pequeña mascota, la vio caminando por toda la caja como si nada hubiera pasado. ¡Estaba viva! Así que volteó a ver a su padre un poco decepcionado y le preguntó: *"¿La matamos?".*

Esta es la peligrosa actitud de muchos creyentes. No están dispuestos a "bajar al valle"; más bien son capaces de cualquier cosa por seguir en las alturas de la emoción. Es maravilloso experimentar las bendiciones de Dios, pero no podemos permanecer en "éxtasis" a menos que muramos. Y si Dios nos quiere en este mundo un tiempo más, debemos permanecer en la realidad de una aventura llena de todo tipo de experiencias.

" " El desafío " "

Más personas han muerto descendiendo que tratando de ascender al monte Everest, la cumbre más alta del planeta. También en la vida espiritual esto es una verdad. Podemos subir en el camino de la bendición, pero debemos ser muy precavidos para descender con sabiduría al valle de la cotidianeidad. Este último principio también es un desafío a mantener nuestro corazón encendido por el fuego del Señor.

➤ **El principio del primer amor.** **La perfección de un corazón siempre encendido por el fuego divino.** *Sin embargo, tengo contra ti, que has dejado tu primer amor. Recuerda, por tanto, de dónde has caído. ¡Arrepiéntete!*

Y haz las primeras obras. De lo contrario, yo vendré pronto a ti y quitaré tu candelero de su lugar, si no te arrepientes (Apocalipsis 2:4, 5). El primer amor es esa experiencia extraordinaria de los primeros días, semanas o meses de nuestra conversión. Se trata de la *"luna de miel"* de nuestra relación con nuestro Señor. Regularmente se termina cuando fallamos seriamente y nos damos cuenta de que somos los mismos pecadores de antes; sólo que ahora somos salvos y por lo mismo, más conscientes de nuestro pecado. El problema es que muchos se resignan a vivir así. Lo mismo les pasa a muchos matrimonios. Cuando recién se casaron tuvieron muchos problemas. ¿Ya los resolvieron? Tal vez no, pero ya se adaptaron a ellos, ya se resignaron, y ya se convencieron de que no tienen remedio. Es triste, pero muchos cristianos viven en esta misma dimensión. Van a la iglesia, colaboran un poco y cumplen con cierta medida de cristianismo. Se dicen: "Total nadie es perfecto"; pero **han dejado su primer amor.** Ya no son los mismos de antes, ya no adoran con fervor, ya no conviven con amor, ya no aprenden con avidez, ya no sirven con entrega y ya no proclaman con pasión. No están muertos, no están fuera, no son malos. De hecho no encontramos razón para exhortarlos, pero no viven la fe de sus primeros pasos, no viven como quiere Dios. En la experiencia colectiva hay algo muy interesante: Por alguna razón, la mayoría tiene la firme idea de que los de antes fueron más fieles que los contemporáneos.

Se dicen: "Total nadie es perfecto"; pero han dejado su primer amor.

Cuando celebramos nuestros logros en la historia tenemos la idea de que nuestros héroes fueron insuperables. Nos molestamos bastante cuando alguien se refiere al pasado señalando algún error. Para completar la idea, creemos que en el presente todo está mal, nos autocriticamos como iglesia, como Unión de Jóvenes y como Convención, incluso como nación. Rendimos culto a los antiguos. El primer amor no es amar a los fundadores; el primer amor es imitarles; es hacer en nuestro presente lo que ellos hicieron en su generación. El texto nos hace tres exhortaciones y una advertencia:

a) *Sin embargo, tengo contra ti, que has dejado tu primer amor. Recuerda, por tanto, de dónde has caído,...* **Confesión.** El cristiano estancado es un desmemoriado. Necesitamos recordar el tiempo preciso y la razón de la caída de nuestra vida. Como José y María que tuvieron que regresar a Jerusalén para encontrarse con el niño Jesús, nosotros debemos regresar a la ocasión en la que perdimos el camino. Esto es algo que debemos hacer como individuos, como iglesias, como Unión Nacional de Jóvenes y como Convención.

b) *¡Arrepiéntete!* **Disposición para la transformación de vida y tomar una nueva dirección.** El arrepentimiento es: reconocer que hicimos mal, aborrecer el mal que hicimos y disponernos a dejar de hacerlo.

c) *Y haz las primeras obras...* **Vivencia de los fundamentos de la fe.** Esto tiene que ver con la humildad y la sencillez de saberse un discípulo común.

Quien se cree un superdotado, y opina que no es posible que se le enseñe nada, definitivamente se estanca y se pierde en la frialdad de una vida vacía. La pasión de un corazón encendido por el amor de Dios se basa en los fundamentos de la fe cristiana.

d) *De lo contrario, yo vendré pronto a ti, y quitaré tu candelero de su lugar, si no te arrepientes.* **El peligro de la inutilidad.** Esta es la advertencia y tiene que ver con el peligro de una vida sin fruto. Hay demasiados cristianos viviendo vidas infructuosas. Ya sabemos qué hacer para no aumentar la lista.

La gente que triunfa en la actuación, el deporte y en la profesión dice que "lo difícil no es llegar sino mantenerse". Si esto es cierto, los cristianos la tenemos ganada, porque no dependemos de nosotros mismos, sino de Aquel que nos llamó. Hemos experimentado un tiempo de grandes bendiciones, los resultados son evidentes. Podemos tener las siguientes actitudes:

/// Podemos ser de los "insatisfechos". Aquellos que no pueden ver la bendición y usan frases como estas: "todo está igual", "estábamos mejor antes" , "se trata de llamaradas de petate".

/// Podemos ser de los "pesimistas". Aquellos que dudan y usan frases como estas: "a ver cuánto nos dura la emoción", "no vamos a poder seguir", "yo no me la creo".

/// Podemos ser de los discípulos con un corazón encendido. Aquellos que decimos: "Dios está haciendo algo entre los jóvenes cristianos bautistas y yo quiero ser parte del milagro". "Dios es el mismo ayer hoy y por los siglos y en mi generación quiere realizar su obra y para ello me quiere usar: ¡Adelante!".

Algo está pasando entre nosotros. Hace 100 años un grupo de jóvenes se comprometieron para ser leales a Cristo. Se vestían algo diferente que nosotros, sus peinados no estaban a la moda de hoy, sus palabras incluso, eran distintas. Pero su corazón era el mismo que el de la mayoría de los presentes: un amor ferviente para el Maestro, Padre, Amigo, Jefe, Soberano y Señor nuestro, Jesucristo. Estos jóvenes ya no están entre nosotros, fueron llamados por Dios a su presencia. Por un tiempo fueron la estrategia de Dios para la realización del "Plan de Salvación" para la humanidad, pero, ahora que literalmente brillan por su ausencia, Dios necesita un nuevo grupo de jóvenes para dar una esperanza a la presente generación. ¿Quién levanta su voz y dice: "¡Aquí estoy, Señor! ¡Cuenta conmigo!"?

Mateo 21:12-16

Los jóvenes y la revolución de Jesús

¿Quieres iniciar una revolución? Búscate un grupo de jóvenes que te apoye. Sin duda que los jóvenes no sólo aman las revoluciones; son una revolución en sí mismos. Están en franca confrontación con las ideas establecidas y llenos de nuevas ideas que han descubierto. Hay varias maneras de tratar con ellos: Podemos reprimirlos con palabras o violencia como hacen algunos padres y algunos gobiernos: Podemos tratar de educarlos, o más bien dicho, de "amaestrarlos", haciéndoles perder sus ímpetus y confinándolos a seguir nuestras ideas viejas. Pero también podemos hacer lo que Jesús hizo: Podemos dirigirles y ayudarles a encontrar el plan de Dios para sus vidas. Este es el propósito de todo este libro, y ha sido el propósito de mi ministerio con ustedes los jóvenes durante estos 26 años de predicar a los jóvenes.

En el pasaje que hoy tenemos al frente, encontramos a Jesús y su revolución que usa a los jóvenes. Veamos: *Entró Jesús en el templo de Dios y echó fuera a todos los que vendían y compraban en el templo. Volcó las mesas de los cambistas y las sillas de los que vendían palomas, y les dijo: Escrito está: Mi casa será llamada casa de oración, pero vosotros la habéis hecho cueva de ladrones. Entonces ciegos y cojos vinieron a él en el templo, y él los sanó. Pero los principales sacerdotes y los escribas se indignaron cuando vieron las maravillas que él hizo, y a los muchachos que le aclamaban en el templo diciendo: ¡Hosanna al Hijo de David! Y le dijeron: ¿Oyes lo que dicen éstos? Jesús les dijo: Sí, ¿Nunca leísteis: De la boca de los niños y de los que maman preparaste la alabanza?* (Mateo 21:12-16).

> **Su revolución** es la irrupción del reino en el anti-reino. El Señor nos habló claro de esta realidad: Existe un "anti-reino" entre los seres humanos que no conocen a Dios: *Y ahora es el juicio de este mundo. Ahora será echado fuera el príncipe de este mundo* (Juan 12:31). La llegada del Señor y ahora la de sus seguidores es una irrupción, una guerra civil, una revolución espiritual. Convertirse significa salir del anti- reino y llegar a ser un ciudadano del reino de los cielos que está en la tierra. El Señor dijo: *"¡Arrepentíos, porque el reino de los cielos se ha acercado!"* (Mateo 3:2). En esta revolución se viven las tensiones propias de una guerra espiritual. Esta se manifiesta de las siguientes maneras:

▮▮ Encuentros de poder. Como los que vivió Elías al estar frente a frente a los 850 profetas paganos (1 Reyes 18:19-46). Tarde o temprano y de muy diferentes formas, los cristianos tenemos enfrentamientos de poder contra el mal.

▮▮ Violencia del Espíritu. No se trata solamente de un asunto religioso, sino de un franco encuentro de fuerzas. El Señor dijo: *Desde los días de Juan el Bautista hasta ahora, el reino de los cielos sufre violencia, y los violentos se apoderan de él* (Mateo 11:12). Por eso Juan decía: *...Os escribo a vosotros, jóvenes, porque habéis vencido al maligno. Os escribo a vosotros, niñitos, porque habéis conocido al Padre* (1 Juan 2:13). El cristianismo es un asunto de valientes; la fe no es para cobardes.

▮▮ Lucha de la vida cristiana. Pablo hablaba de una experiencia en el interior de cada hombre, una lucha espiritual, una tensión constante entre el bien y el mal (Romanos 7:19-25). Todos vivimos esta lucha. No todos son conscientes de eso, pero los cristianos debemos considerarlo siempre.

Cuando el Señor entró al templo en aquella ocasión irrum-

▮▮▮ ino sueltes la cuerda!

Su revolución es un retorno al plan original.

pió deliberadamente en el "pseudo reino de la religión judía" y confrontó los valores caducos existentes con el mensaje evangélico de sus enseñanzas. Debemos seguir su ejemplo. Los cristianos son revolucionarios en este mundo; son rebeldes con causa que se oponen al sistema caduco y corrupto establecido por el mal en la sociedad. A los jóvenes que les encanta la idea de las revoluciones, encuentran en el cristianismo la expresión más poderosa, significativa y trascendente de una revolución. **Jóvenes, he aquí la mejor opción para unirte a una causa: ¡Sigue a Jesús en su revolución!**

> **Su revolución es un retorno al plan original.** Los judíos trataban de seguir la ley de Dios "a pie juntillas"; sin embargo, su afán por agradar a Dios por sus obras y su mal entendido concepto de salvación les llevó a alejarse del plan original del Señor. Terminaron estableciendo un intrincado sistema legalista que esclavizaba a los hombres y mujeres a una absurda vida religiosa. Su presencia en el templo ese día y sus acciones tan significativas fueron un llamado a retornar al plan original de Dios. El templo ya no se usaba para lo que había sido creado. Los líderes religiosos se habían vendido a la materia, y en confabulación con los mercaderes habían creado un sistema corrupto en torno a la religión. Dios nuestro Señor, que conoce a los seres humanos, siempre nos ha dado oportunidades de regresar a su plan. Como dice Malaquías 3:7: *Desde los días de vuestros padres os habéis apartado de mis leyes, y no las habéis guardado. ¡Volveos a mí, y yo me volveré a vosotros!, ha dicho el SEÑOR de los ejércitos...* Quiere decir que Dios tiene un plan desde antes de la fundación del mundo (Efesios 1:4; 1 Pedro 1:20). Cada vez que nos apartamos de este plan, debemos aceptar el llamado de Dios para regresar.

Los judíos habían construido alrededor del templo una serie de atrios, que no eran otra cosa que impedimentos para los hombres. No todo mundo podía acercarse al templo que representaba la presencia de Dios; la raza y el sexo eran considerados como límites o posibilidades. ¿Era ese el propósito original del templo? De ninguna manera.

En Marcos 11:17 se nos aclara algo que el Señor dijo, que tal vez Mateo no lo incluyó por su etnocentrismo y su propósito de impactar a los judíos: *Y enseñaba diciendo: "¿No está escrito que mi casa será llamada casa de oración para todas las naciones? Pero vosotros la habéis hecho cueva de ladrones".* El templo era para todas las razas y no solamente para una raza. Aunque el propósito original del Señor era el alcance de todas las naciones, aquellos lo habían reducido a una religión nacionalista. **Para aquellos jóvenes a los que les encanta la revolución, he aquí la mejor opción, el cristianismo que representa un regreso al plan original de Dios.**

➤ **Su revolución** es transformación de vida. La revolución del Señor es un asunto integral, tiene que ver con asuntos sociales, e incluye las situaciones personales de la existencia individual del ser humano. Como dice 2 Corintios 5:17: *De modo que si alguno está en Cristo, nueva criatura es; las cosas viejas pasaron; he aquí todas son hechas nuevas.* Alguna vez Juan el Bautista pidió a sus discípulos que se aseguraran de la identidad mesiánica de Jesús. Después de la pregunta, el Señor responde de una manera muy ilustrativa:

"Pero os digo que uno mayor que el templo está aquí..."

Y respondiendo Jesús les dijo: Id y haced saber a Juan las cosas que oís y veis: Los ciegos ven, los cojos andan, los leprosos son hechos limpios, los sordos oyen, los muertos son resucitados, y a los pobres se les anuncia el evangelio. Bienaventurado es el que no toma ofensa en mí (Mateo 11:4-6). ¿Cuáles son las pruebas fidedignas del reino del Señor? Vidas transformadas, personas redimidas, gente libertada de sus ataduras. Las revoluciones buscan cambiar las circunstancias de la gente, y el cristianismo es la revolución más poderosa que existe. El cristianismo es una revolución integral que cambia al ser humano desde su interior, aunque termina cambiando incluso su entorno. **Joven, si vives molesto por las circunstancias actuales, si estás a favor de un cambio radical en la sociedad, harías muy bien en ser un cristiano verdadero y colaborar con Dios en el establecimiento de su reino, lo cual significa la única revolución que cambia vidas.**

> **Su revolución** es un atentado contra el tradicionalismo. Esto es tal vez el asunto más evidente de este pasaje. La presencia del Señor en el templo es un desafío al tradicionalismo religioso de aquella época y de todas las épocas. No es la única vez en la que él manifiesta su desagrado por la religiosidad vacía de los hombres: *Pero os digo que uno mayor que el templo está aquí* (Mateo 12:6). Algunos adoraban al templo y él se manifiesta como mayor que el templo: Esto les caló muchísimo, aunque después, esto mismo fue usado para acusarle y condenarle a muerte. También dio dos ejemplos claros de la importancia de renovarse y no esclavizarse a la tradición: *"Nadie pone parche de tela nueva en vestido viejo. De otra manera, el parche nuevo tira del viejo, y la rotura se hace peor. Ni nadie echa vino nuevo en odres viejos. De otra manera, el vino rompe los odres, y se pierde el vino, y también los odres. Más bien, el vino nuevo se echa en odres nuevos* (Marcos 2:21-22). El cristianismo engendra la más extraordinaria renovación y revolución de vidas. El problema es que los seres humanos, en búsqueda de seguridad, tenemos la pasión por establecer tradiciones y costumbres en las que nos sentimos cómodos; luego somos reacios a cambiar. La revolución de Jesús es un atentado contra el humanismo que pretende perpetuar el sistema de obras para la salvación. **Joven, a ti que te gustan las revoluciones, únete al plan del Señor, combate contra el error, vive y proclama la salvación por gracia que su reino nos ofrece.**

> **Su revolución** es la estrategia que incluye a los jóvenes. Muchos movimientos sociales tratan de manipular a los jóvenes para lograr sus objetivos. La razón es muy sencilla: los jóvenes son la fuerza de la sociedad. Además, los jóvenes suelen enamorarse

de ideales y metas justas. El Señor no quiere manipular a nadie, pero sí nos invita a unirnos a él en la mejor causa del universo. Aquella vez en el templo había unos muchachos (así los llama Mateo) y éstos se enamoraron del Señor: ¡Qué maravilloso! Antes que los teólogos, antes de que fueran los líderes religiosos, ¡fueron los jóvenes los que recibieron al Señor! El cristianismo definitivamente necesita del poder, del idealismo, de la pasión y de la disposición de los jóvenes. No hay razón para que los adultos descalifiquen a los jóvenes y mucho menos para que los jóvenes se descalifiquen a sí mismos en la realización de cosas importantes. Queridos jóvenes, no se dejen manipular por los valores pervertidos de este mundo, ya sea de filosofía, religión, ideas políticas, modas inmorales, u otros. El Señor quiere incluirte en sus planes para la salvación del mundo. Muchos de aquellos a los que él ha usado en el pasado han sido jóvenes:

» **David:** 17 años cuando mató a Goliat.
» **Ester:** 17 años cuando fue coronada reina y cumplió una importante misión para su pueblo.
» **Daniel y sus amigos:** alrededor de 17 años.
» **Jeremías:** tenía entre 14 y 20 años cuando fue llamado por el Señor para ser profeta.
» **Timoteo:** a los 14 años se convirtió, y a los 25 años ya era pastor.
» **María:** tenía entre 13 y 15 años cuando fue escogida para ser la madre del Señor.
» **Jesús:** tenía 30 años cuando inició su ministerio y a los 33 y medio, justamente días después de este incidente en el templo, muere por todos nosotros.

En México, el 65% de los 100 millones de habitantes que somos, son jóvenes. Si las iglesias van a crecer, si las metas van a ser alcanzadas, los jóvenes deben participar decidida y efectivamente. No es tolerable que existan iglesias con pocos jóvenes; mucho menos, iglesias sin jóvenes. No es adecuado tampoco que las iglesias detengamos el trabajo y los ministerios juveniles. Pero lo más terrible es que los jóvenes se coarten a sí mismos y en vez de cumplir con el plan de Dios para sus vidas, malgasten su bella juventud en cosas superficiales e improductivas. Es triste ver a hombres y mujeres inmersos en el tradicionalismo y la pasión por perpetuar el orden o sistema del pasado, como si todo lo nuevo fuera malo y lo antiguo fuera más santo. La cosa es doblemente triste cuando quienes piensan así sean jóvenes. **Joven, ¡déjate usar por el Señor!**

// // El desafío // //

Alégrate, joven, en tu adolescencia, y tenga placer tu corazón en los días de tu juventud. Anda según los caminos de tu corazón y según la vista de tus ojos, pero ten presente que por todas estas cosas Dios te traerá a juicio. Quita, pues, de tu corazón la ansiedad, y aleja de tu cuerpo el mal; porque la adolescencia y la juventud son vanidad. Acuérdate de tu Creador en los días de tu juventud: antes que vengan los días malos, y lleguen los años de los cuales digas: "No tengo en ellos contentamiento" (Eclesiastés 11:9—12:1). *"Nadie tenga en poco tu juventud; pero sé ejemplo para los creyentes en palabra, en conducta, en amor, en fe y en pureza"* (1 Timoteo 4:12).

Uniendo fuerzas, compartiendo promesas

¿Y cómo predicarán si no fueren enviados? Como está escrito: ¡Cuán hermosos son los pies de los que anuncian el evangelio de las cosas nuevas! (Romanos 10:15).

➤ **Nuestra misión** y las prioridades del supremo misionero. *Había entonces en la iglesia que estaba en Antioquía, unos profetas y maestros: Bernabé, Simón llamado Niger, Lucio de Cirene, Manaén, que había sido criado con el tretarca Herodes, y Saulo. Mientras ellos ministraban al Señor, y ayunaban, el Espíritu Santo dijo: "Apartadme a Bernabé y a Saulo para la obra a la que los he llamado". Entonces, habiendo ayunado y orado, les impusieron las manos y los despidieron* (Hechos 13:1-3).

La dinámica de la iglesia del primer siglo, en el desarrollo de la obra misionera, era muy sencilla: **Dios hablaba y su iglesia obedecía.** Esta primera experiencia registrada de una iglesia enviando misioneros en una forma organizada nos debe significar mucho a quienes decimos querer vivir el Nuevo Testamento al cien por ciento. **Dios no ha dejado de hablarnos, pero tal vez nosotros hemos dejado de obedecer.** En el mejor de los casos, tal vez no nos hemos organizado adecuadamente para obedecerle en medio de nuestras circunstancias. Ciertamente las cosas han cambiado mucho desde aquel viaje misionero que comenzó en un tramo desde Antioquía a Seleucia y después a

Chipre. El objetivo, la gente y las necesidades todavía son las mismas para nuestros "viajes misioneros", pero no las circunstancias que envuelven estos elementos. Hace falta que retomemos los principios misioneros que se nos presentan en el Nuevo Testamento; igualmente, hace falta que los apliquemos en las circunstancias contemporáneas.

Recordemos: no es lo mismo tener a un extranjero viviendo en un país extraño, que ser un misionero. Un cristiano viviendo, por cualquier circunstancia, en un país extraño puede ser usado por Dios para hacer misión, pero un misionero enviado deliberadamente a un país extraño, no puede hacer misión como cosa secundaria. ¡Debe hacer misión! Esta es su razón de ser.

En la Biblia hay cosas que no están claras; sobre esas tendremos oportunidad de preguntarle a Dios cuando lleguemos al cielo. Pero una cosa sí está clara: *A Dios no le agradan las higueras sin higos, ni el terreno sin frutos, ni la red sin pescados, ni los pámpanos sin uvas, ni misioneros sin misión.* Alguien a quien Dios ha escogido para el apostolado (obra misionera) definitivamente hace por lo menos siete cosas:

a) Deja la seguridad de la geografía de su cultura.

b) Se mueve al espacio y cultura a donde es enviado.

c) Se encarna en el espacio de una cultura antes desconocida para el.

d) Comparte con vivencia, acciones y palabras su fe en Cristo Jesús.

e) Cumple con la Gran Comisión: hace discípulos.

f) Edifica una iglesia. No me refiero a templos, sino a gente constituyendo el reino de Cristo.

g) Establece las bases para que alguien después logre los frutos. Es decir, siembra buena semilla para que dé fruto a su tiempo.

Ahora nosotros

debemos

responder al mundo

que necesita tanto

del evangelio puro

del Señor;. . .

Nadie duda que estemos viviendo algo así como el "boom de las misiones". Todo mundo habla de misiones y las mencionamos seguidas de otra palabra igual de famosa: "transculturales". Algunos soñamos con que nuestras instituciones, departamentos, comisiones, estrategias y todo cuanto hacemos sea **misiones**. **Soñamos con que nuestra Convención Nacional y nuestras Convenciones Regionales no sean otra cosa que Agencias Misioneras.** Estoy seguro de que valdría la pena dejar de hacer algunas cosas y enfocarnos en la obra misionera. Por si fuera poco, nuestros estatutos y acuerdos importantes en los últimos años nos hablan de misiones. Podemos decir que: **respiramos y comemos misiones. Y no podía ser de otra manera: ¡Creemos en un Dios misionero!**

En virtud de este despertar, conviene que fundamentemos sólidamente nuestra visión, misión y nuestras estrategias misioneras. Gracias a Dios, en el mundo hay muchos grupos y agencias misioneras. Gracias a Dios, en otro tiempo fuimos un campo misionero al que hermanos norteamericanos y algunos europeos llegaron para compartirnos vida. Gracias a Dios por sus vidas y su esfuerzo, en muchos de los casos heroico y hasta de mártires. Ahora nosotros debemos responder al mundo que necesita tanto del evangelio puro del Señor; por supuesto debemos responder desde nuestras plataformas, con nuestros recursos, nuestra filosofía y estilo. Hay por lo menos tres caminos a escoger:

1. Subordinarnos al dinamismo de las potencias misioneras tradicionales. Hay grupos en otros países, especialmente al norte de México, haciendo misiones hace montones de años. Tienen mucha experiencia y algunos de ellos muchos recursos. Es tentadora la oferta de prestarles nuestros misioneros para que los envíen con sus recursos. Es tentadora la oferta de dejar en sus manos nuestra plataforma y seguir siendo un campo misionero, elevados a la categoría de socio en la obra misionera. Pero, ¿dónde quedaría nuestro desarrollo nacional? ¿Dónde quedaría nuestra capacidad misionera y nuestra responsabilidad ante Dios? ¿Dónde quedaría la gracia especial que Dios ha derramado sobre nosotros para desarrollar su plan desde su gracia multiforme?

2. Aislarnos para constituir una plataforma misionera exclusiva. Podemos rechazar toda ayuda y todo convenio y esforzarnos con nuestros recursos, sean pocos o muchos y hacer lo que podamos. Esto garantizaría la soberanía nacionalista, pero debilitaría nuestro potencial.

3. Desarrollar una plataforma nacional que colabore con distintas estrategias en todo el mundo para cumplir las metas de Dios para su iglesia universal. No podemos aspirar a tener el éxito que nos hemos propuesto sin la apertura y tolerancia que se requieren para la colaboración. Pero no podemos tener una verdadera colaboración sin el fotalecimiento de nuestra identidad misionera, sin el establecimiento de nuestra plataforma misionera. Mientras no seamos fuertes nacionalmente, nuestra relación con otros grupos siempre será de subordinación y no de colaboración. **Así que lo mejor sería crecer y colaborar con los grupos misioneros ya establecidos.**

El propósito de esta conferencia es proponer algunos fundamentos de la identidad misionera de los bautistas hispanos.

El Señor Jesús enseñó muchas cosas, pero algunas se destacan por su importancia. Casi a todas estas enseñanzas relevantes les hemos dado un nombre. Podemos llamarles las prioridades del Maestro. Analicémoslas cada una de ellas y pongámoslas como las bases que den forma a nuestra obra misionera.

➤ A. La gran invitación: El clamor del corazón.

"Venid a mí, todos los que estáis fatigados y cargados, y yo os haré descansar. Llevad mi yugo sobre vosotros, y aprended de mí, que soy manso y humilde de corazón; y hallaréis descanso para vuestras almas. Porque mi yugo es fácil, y ligera mi carga" (Mateo 11:28-30).

Esta invitación del Señor es:
- ➤➤ Una invitación al conocimiento
- ➤➤ Una invitación al descanso
- ➤➤ Una invitación al sometimiento
- ➤➤ Una invitación al trabajo

La obra misionera tiene su origen en la invitación de Jesús a todos los seres humanos para que se acerquen a él y experimenten la plenitud de vida. Los cristianos no somos otra cosa que mensajeros que llevamos a los destinatarios la invitación de Jesús. La obra misionera es la "oferta" de Dios para la raza humana que vive en la zozobra, el desencanto, la desilusión y la desesperanza. La obra misionera no tiene nada que ver con dominio o colonización, ni tiene que ver con el entendimiento de la influencia de una denominación o religión. La obra misionera es un llamado del corazón de Dios para sus criaturas.

➤ B. El gran desafío: El clamor de la vida.

Decía entonces a todos: Si alguno quiere venir en pos de mí, niéguese a sí mismo, tome su cruz cada día, y sígame (Lucas 9:23).

El desafío del Señor nos insta a buscar en su reino:
- ➤➤ Una razón para vivir
- ➤➤ Un propósito de vida
- ➤➤ Una visión de vida
- ➤➤ Una tarea que realizar en la vida

El cristianismo es más que una cultura, se trata de una experiencia integral que transforma el pasado, el presente y el futuro de un ser humano. El pasado, porque le ayuda a reinterpretar sus circunstancias. El presente porque lo confronta con decisiones trascendentes. Y su futuro, por las promesas y la esperanza que le ofrece. El cristianismo es una nueva, mejor y más alta dimensión de vida. La obra misionera, por lo tanto, no es culturizar a los hombres y mujeres de un pueblo determinado, no es trasformar su cultura peculiar en una cultura globalizada, no es "civilizar" a los llamados "salvajes". La obra misionera es penetrar una cultura e inyectar el germen de la fe en Jesucristo que desata una dinámica de transformación poderosa que controla Dios y no el misionero. El Señor Jesús desafió a los hombres y mujeres de su tiempo y quiere seguirlos desafiando; para eso quiere usar a su iglesia. La obra misionera tiene que ver con el clamor de la vida de todo ser humano por encontrar un propósito para existir.

➤ C. La gran necesidad: El clamor del mundo.

"Y por la noche se le mostró a Pablo una visión en la que un hombre de Macedonia estaba en pie rogándole y diciendo: "¡Pasa a Macedonia y ayúdanos!" (Hechos 16:9).

Una visión antropológica nos hace conscientes de:
➤➤ Una necesidad intensa
➤➤ Una carencia con una sola posibilidad de remediarse
➤➤ Una realidad de todo pueblo
➤➤ Una misión que sólo la iglesia puede realizar

La obra misionera es privilegio de la iglesia, pero es la única esperanza de la humanidad. *¿Cómo, pues, invocarán a aquel en quien no han creído? ¿Y cómo creerán a aquel de quien no han oído? ¿Y cómo oirán sin haber quién les predique? ¿Y cómo predicarán sin que sean enviados? Como está escrito: ¡Cuán hermosos son los pies de los que anuncian el evangelio de las cosas buenas!* (Romanos 10:14, 15). La obra misionera no es un plan entre muchos, es "El plan de Dios para la salvación de la raza humana". No es una moda ni una buena profesión a la cual dedicarnos; es la tarea fundamental de la agencia del reino de Cristo: La iglesia. La obra misionera es la respuesta al clamor del mundo.

➤ D. La gran tragedia: El clamor del infierno.

"Y él dijo: Entonces te ruego, padre, que le envíes a la casa de mi padre (pues tengo cinco hermanos), de manera que les advierta a ellos, para que no vengan también a este lugar de tormento" (Lucas 16:27, 28).

El peligro más grande de la humanidad es el infierno:
▶▶ El peor de los finales
▶▶ El lugar del no retorno

La obra misionera es solución, provisión y medicamento indispensable para la peor y más mortífera epidemia del mundo. La obra misionera es indispensable ante la realidad del pecado humano. No se trata sólo de un ministerio determinado de la iglesia, se trata **del ministerio de todo discípulo de Jesús.** No permitamos que pase con la obra misionera lo que pasa con las campañas de evangelismo. Las misiones no son asunto de 15 días de verano, ni de una experiencia especial circunscrita a unos días; la obra misionera es la vida.

Misionero es uno que se interpone entre los hombres y mujeres que le rodean, y el infierno a donde caminan. Tan perdido está mi vecino, si no conoce a Cristo, como los chinos, los africanos y los tarahumaras si no hay quien les predique. Un misionero sufre y se ocupa de la salvación de aquellos en donde se integra. La obra misionera es la respuesta de un hombre o una mujer llamados por Dios al clamor del infierno.

➤ E. La gran Regla, o la Regla de Oro: El clamor del Espíritu Santo.

Así que, todo lo que queráis que hagan los hombres por vosotros, así también haced vosotros por ellos, porque esto es la ley y los profetas (Mateo 7:12).

El cristianismo tiene una base de comportamiento:
▶▶ El estilo
▶▶ La ética
▶▶ Las bases de toda relación humana

La obra misionera es parte del estilo de vida de la fe. Los

... el clamor de la vida de todo ser humano por encontrar un propósito para existir.

cristianos tenemos una bendición que de acuerdo con la ética cristiana deberíamos compartir. La obra misionera es un asunto de ética. Poner obstáculos a la obra misionera es un acto de maldad; es una violación del principio ético más elevado de la fe en Jesús. No participar en la obra misionera es actuar en contra del comportamiento que se espera de un seguidor de Jesús. Participar en la obra misionera, en cualquier nivel (orando, dando o yendo) es la disposición para cumplir con la Regla de Oro de la manera más global y significativa posible. No participar en la obra misionera es un acto de inmoralidad. **La obra misionera es responder al clamor del Espíritu Santo sobre nuestra vida.**

➤ **F. El gran mandamiento: El clamor del Padre.**

Él le respondió diciendo: Amarás al Señor tu Dios con todo tu corazón, con toda tu alma, con todas tus fuerzas, y con toda tu mente; y a tu prójimo como a ti mismo. Le dijo: Has respondido bien. Haz esto y vivirás (Lucas 10:27, 28).

El cristianismo tiene un principio rector:
- ❯❯ El fundamental amor
- ❯❯ La relación básica
- ❯❯ El punto de partida
- ❯❯ El punto de apoyo

La obra misionera es la manifestación congruente de nuestro amor a Dios. Amar a alguien es el más grande compromiso que podemos tener; amar a Dios es comprometernos con él en sus proyectos y propósitos. La obra misionera es la expresión practica de nuestro amor a Dios y a sus criaturas: *Si alguien dice: "Yo amo a Dios" y odia a su hermano, es mentiroso. Porque el que no ama a su hermano a quien ha visto, no puede amar a Dios a quien no ha visto* (1 Juan 4:20). La obra misionera es la praxis fundamental de la fe establecida por Jesús. Sus brazos abiertos en la cruz son la manifestación de amor que pretende unir a todas las etnias del mundo en un abrazo, y eso sólo es posible mediante la obra misionera. **La obra misionera es la respuesta de la iglesia al clamor del Padre celestial.**

➤ 6. La Gran Comisión: El clamor del Señor Jesucristo.

Jesús se acercó a ellos y les habló diciendo: "Toda autoridad me ha sido dada en el cielo y en la tierra. Por tanto, id y haced discípulos a todas las naciones, bautizándoles en el nombre del Padre, y del Hijo, y del Espíritu Santo, y enseñándoles que guarden todas las cosas que os he mandado. Y he aquí, yo estoy con vosotros todos los días, hasta el fin del mundo" (Mateo 28:18-20).

Esta orden del Señor resume contundentemente el quehacer integral de la Iglesia. Se trata de:
- ❯❯ El mandato fundamental
- ❯❯ La tarea que da sentido
- ❯❯ La misión ineludible

La obra misionera es el acto de adoración más intenso y significativo de la vida, en tanto que representa la obediencia a la orden del Señor y el sometimiento perfecto de nuestra voluntad a su soberanía. La obra misionera es la expresión más evidente y contundente del cumplimiento de "La Gran Comisión". Es importante decir que "La Gran Comisión" no se realiza con sólo ir. Ir es una parte, hacer discípulos es la definición completa de la tarea y esta tiene que ver con la integridad de los objetivos o funciones de la iglesia: Adoración, Educación, Proclamación, Administración y Comunión. La obra misionera, tal como lo declara la Gran Comisión, es el todo de la iglesia y el todo de una vida que sigue a Jesús. Es la vivencia cotidiana de los discípulos, es la experiencia que nos une a todos los cristianos del mundo, es (o debe ser) la razón de ser de toda organización cristiana y es el objetivo final de toda estrategia de trabajo en el reino de Cristo.

" " " " Conclusiones *" " " "*

La base más importante de toda estrategia cristiana, y especialmente de la obra misionera, definitivamente es la prioridad del Señor Jesús. Ahora definamos algunas conclusiones prácticas importantes:

1. Luchemos por crear y participar activamente en una plataforma misionera desde México. No nos vendamos al malinchismo, ni a la colonización, ni siquiera a la globalización. Misiólogos latinoamericanos nos advierten de los peligros de perder la identidad nacional en las misiones latinoamericanas.

2. Seamos parte de un auténtico despertar misionero y no permitamos que las misiones sean sólo una moda. Discipulado, almas ganadas, iglesias plantadas, santidad de vida, multiplicación y crecimiento integral son las señales de un despertar misionero auténtico.

3. Si tenemos un llamado misionero, comencemos ¡ya! El Señor Jesús dice que aunque estamos en el mundo, no somos de este mundo. Así que nuestra presencia, en dondequiera que estemos, es la de ser "misioneros transculturales". No parece sabio mandar a otra cultura a alguien que nunca ha ganado almas en la propia.

4. Seamos misioneros antes que "misiólogos", seamos pescadores de hombres antes que críticos de la metodología de la pesca. Gracias a Dios por la misiología que nos prepara, nos capacita y nos anima; gracias a Dios por quienes son llamados para esa tarea; pero reflexionemos nosotros y enseñemos con la autoridad de haber visto a nuestro alrededor vidas transformadas, hombres y mujeres bajados a las aguas bautismales, iglesias establecidas y comunidades inundadas del reino de Cristo.

5. **Unámonos.** **Si hace falta cambiar algo, hagámoslo juntos; pero no nos separemos como niños inmaduros para hacer las cosas a nuestra manera.** Una cosa es la voluntad de Dios, y otra cosa son los caprichos humanos. Sepamos distinguirlos.

6. **Que la base de nuestra vida sea el amor a Dios y al prójimo.** No resulta congruente ir a lugares lejanos para hablar de amor de Dios con resentimientos y odios a los cercanos. No resulta sabio predicar a desconocidos cuando no hemos restaurado nuestras relaciones básicas en la vida.

7. **Hagamos de la Gran Comisión nuestra Gran Comisión.** *Busqué entre ellos un hombre que levantara el muro y que se pusiese en la brecha delante de mí, intercediendo por la tierra para que yo no la destruyera;* ***pero no lo hallé*** *(Ezequiel 22:30).*

¡Cambiemos el final de este versículo!

Daniel 1:1-6

Frente a los retos de esta generación

H abía una vez una pata que tenía cinco huevos que ella misma había puesto. Un día que salió a dar una vuelta ya no eran cinco sino seis. Sin darse cuenta los incubó a todos. Un día determinado fueron saliendo uno a uno los hermosos patitos con el pelo color amarillo y su pico naranja. Pero ¡qué desilusión!, el último huevo en abrirse, que por cierto era el más grande, fue una sorpresa. No era un amarillo y hermoso ejemplar sino un gris blancuzco, pato feo con el pico negro. "¡Qué feo hijo tengo!" dijo la pata muy deprimida, "...pero ni modo". Y se echó a andar. Muy pronto aquel patito feo comenzó a ser objeto de burla de los demás patos, incluso de sus hermanos y de su propia madre. Un día se quedó mirando al cielo una parvada de hermosos cisnes que pasaban por el cielo azul, en su desfile anual de preparación para emigrar a otras tierras: "¿Qué es eso?" preguntó el patito feo a su mamá: "Esos son cisnes", le respondió ella, "vuelan mucho más alto que nosotros, son animales superiores, y viajan muy lejos". "¡Quisiera ser como uno de ellos!" dijo el patito feo: "Ninguno de nosotros puede aspirar siquiera a ser como ellos y mucho menos tú, hijo, que eres el más feo de todos". Habiendo oído eso se calló y no volvió a preguntar más. Sin embargo, sentía un impulso en su interior cada vez que veía aquellos hermosos y enormes cisnes. Eran tantas las burlas que hacían de él que un día, cansado de ello, se fue de la casa y nadie, ni su madre, lo fueron a buscar. Caminó perdido por el lago tanto tiempo que perdió la noción del tiempo *y creció y creció. Un día al ir caminando por la orilla del lago, al pasar cerca de un claro de agua mansa, vio algo impresionante, un cisne. "¿Quién anda allí?", preguntó y se asomó, y lo que vio no era otra cosa que un enorme y hermoso cisne. "¿Quién es?", dijo todavía, pero no era otra cosa, sino su reflejo: Él era un cisne, abrió sus alas y emprendió el vuelo hacia su destino.*

━━━━━ /// ━━━━━

Muy a menudo, y especialmente cuando se es joven, el mundo nos considera "un pato feo". Pero si miramos bien, si nos miramos en el espejo de la Palabra de Dios, nos daremos cuenta de una extraordinaria realidad: "Somos cisnes". Por eso no siempre nos sentimos cómodos en este mundo.

La sociedad siempre ha sido hostil a la fe cristiana, y se vuelve más hostil cada día. En virtud del pseudointelectualismo que caracteriza a la sociedad atea de nuestro tiempo, hay quienes ven a los que tienen una fe como gente inculta. Ahora resulta que es un rasgo de cultura estar de acuerdo con los pecados del mundo: la homosexualidad, el aborto y con otras aberraciones morales. Con la aparición de *la Nueva Era* (que no es sino una filosofía antigua que integra casi cualquier postura religiosa en un sistema centrado en el hombre y no en Dios), la cosa se vuelve más difícil. Para algunos es difícil distinguir lo bíblico de la filosofía barata que se vende el día de hoy. Esto sucede especialmente entre los intelectuales, pero en realidad, nadie está exento del peligro.

Es importante, entonces, encontrar algunos puntos de apoyo en los cuales fundar nuestra vida y trascender las épocas difíciles de la juventud.

En el libro de Daniel, y en la experiencia de este gran profeta, encontramos algunos principios fundamentales para la vivencia victoriosa de nuestra fe en un mundo ajeno. Daniel se encontraba en otro país, en la secundaria, en la preparatoria y la universidad de Babilonia, la capital de la cultura de aquella época, y sin embargo, su fe se mantuvo intacta. ¿Cómo le hizo él? ¿Qué principios aplicó para que nosotros los vivamos también? Veamos:

// Para el conflicto ético, la abstinencia sabia (Daniel 1:8-15). *Pero Daniel se propuso en su corazón no contaminarse* (Daniel 1:8). Con la globalización que nos lleva a una muy flexible moralidad, muchos, incluyendo cristianos, están cambiando sus valores con la intención de no estar fuera de la moda. Daniel nos enseña un principio muy básico: **la abstinencia sabia.**

Este es un principio de sabiduría práctica. Hay muchos cristianos comportándose como el mundo porque confían en la gracia de Dios y piensan: "¿Qué tiene de malo hacer tal o cual cosa?" Daniel resolvió el conflicto sencillamente: no comió las cosas que de acuerdo a su fe no debía comer. No se puso a discutir si tenía alguna razón teológica o alguna justificación filosófica aquella abstención, sencillamente se abstuvo para dar testimonio de que él era diferente. El día de hoy no consideramos importantes las reglas dietéticas de aquel joven, pero su valor para comportarse como era necesario es algo que deberíamos perpetuar en nuestro estilo de vida.

¡Ojalá que hubiera más cristianos de este tamaño!, que se atrevieran a sacrificar cosas que les gusta hacer, por el amor a Jesús en vez de dejarse envolver en la barata filosofía del **"todo mundo lo hace"**. Eric Liddell era un cristiano llamado a la obra misionera que se hizo famoso por sus logros deportivos en las carreras de velocidad. En los juegos olímpicos de París en 1924 representaba a Escocia en los 100 metros planos, pero se rehusó a competir en las eliminatorias por que estas se celebraban en domingo, y de acuerdo a su convicción, "los domingos son del Señor". De hecho, ese día predicó en una iglesia de París. Aunque no era su especialidad, compitió en los 400 metros planos y obtuvo la medalla de oro, dejando muy atrás a su más cercano competidor. Siempre he creído que, si yo hubiera estado en la misma circunstancia, hubiera competido y le hubiera pedido a mi iglesia que orara por mí, porque yo no creo que sea pecado competir un domingo en las olimpiadas. Sin embargo, el testimonio de este hermano que terminó su vida como misionero en China es impresionante: Se abstuvo sin que nadie lo pudiera disuadir, porque escogió demostrar su fe de esa manera. El día de hoy hay cosas que los cristianos podemos hacer para demostrar nuestra fe y no deberíamos tardar en hacerlo. Hay cosas que, independientemente de que sean buenas o malas, sería bueno que nos abstuviéramos de ellas, por lealtad a la fe que profesamos y al Cristo a quien servimos y amamos. Es triste, pero en este mundo hay gente que dice creer algo y no está dispuesta a cruzar la calle por eso que dice creer. ¿Qué estás dispuesto a dejar de hacer por Cristo? **Que tus posibilidades de disfrutar algo no sean más importantes que tu amor a Dios.**

/// **Para el conflicto filosófico, el conocimiento superior que viene de Dios.** (Daniel 2:1-47). *El rey habló a Daniel y le dijo: Ciertamente vuestro Dios es Dios de dioses…, pues tú pudiste revelar este misterio* (Daniel 2:47). Daniel tuvo que enfrentarse a la "crema y nata" del conocimiento de aquella época. Seguramente estuvo en contacto con las más altas esferas de la filosofía de entonces; y sin embargo, su fe se mantuvo firme.

El día de hoy muchos cristianos, y especialmente los pastores, tenemos que enfrentar los embates de la filosofía que en ocasiones parece contradecir la fe. La efervescencia religiosa y filosófica, resultado de la globalización del momento histórico que nos toca vivir, pone a muchos a temblar. Sin embargo, al igual que Daniel, en vez de sucumbir ante dichas ideas considerándolas superiores a la religión o doctrina que aprendimos, debemos: 1) cimentarnos, 2) investigar si no estamos satisfechos, 3) profundizar nuestra comprensión de la verdad bíblica, 4) reconocer la superioridad del conocimiento del evangelio ante cualquier otro tipo de conocimiento, y por lo tanto 5) desechar las ideas opuestas sin importar su procedencia. *¡No todo lo que está en los libros es verdad!*

Que no nos impresionen desmedidamente los filósofos de hoy; la verdad de Dios es superior por todos lados. Que no nos impresionen los títulos, niveles o

¡No todo lo que está en los libros es verdad!

premios académicos; la verdad de Dios sigue siendo la campeona del conocimiento.

▟▟ Para el conflicto de lealtad, la convicción a toda prueba. *...Entonces Sadrac, Mesac y Abed-Nego salieron de en medio del fuego* (Daniel 3:26). Los primeros cristianos firmaron su testimonio con su propia sangre, es decir, dieron la vida por lo que habían creído. Esto es una característica esencial en el verdadero creyente. Daniel y sus amigos tuvieron que ser confrontados con su fe ante un horno de fuego y sus convicciones prevalecieron en medio de la prueba (Daniel 3:1-30).

Si uno tiene una fe por la que no está dispuesto a morir, su fe no vale mucho. Si no está dispuesto a hacer ninguna cosa por lo que cree, debe conseguirse otra fe y dejar dicha fe para que otro la crea de una mejor manera. Es absurdo decir que se cree algo sin demostrarlo ante el posible dolor o sufrimiento. Los jóvenes, muy a menudo, son puestos en la posibilidad de sufrir por causa de la verdad. **No dejemos de confiar y no dejemos de realizar nuestra tarea pese a todo.**

Ante un conflicto de lealtades hay un principio bíblico muy claro: "Es necesario obedecer a Dios antes que a los hombres" (Hechos 5:29).

▟▟ Para el conflicto existencial, una misión atrevida. (Daniel 4:4-37; 5:1-30). *"Entonces Daniel respondió"* (Daniel 5:17). Daniel no tenía problemas existenciales imposibles de solucionar. Cada vez que tenía la oportunidad de señalar a un gobernante sus errores lo hacía sin tapujos, porque había entendido que esa era su misión en aquel país. Sabía que esa había sido la razón por la que Dios le había llevado a aquel lugar alejándose de su tierra.

Hay quienes batallan mucho para encontrar su misión en la vida, pero encontrar la misión en la vida es la cosa más importante de la vida. No descanses hasta estar bien seguro de aquello para lo que Dios te dio la existencia, y después de eso: **Invierte tu vida en esa misión.**

Muchos quieren llenar una hoja con sus requerimientos y presentársela a Dios para que la firme, cuando deberían llevarle a Dios una hoja firmada en blanco y decirle: "Señor, escribe lo que tú quieras hacer conmigo". Daniel descubrió aquello para lo que fue llevado a Babilonia y cumplió con su misión.

Cada uno de nosotros nos desenvolvemos en un medio determinado en el que Dios nos tiene y allí debemos cumplir atrevidamente nuestra misión. **Sé responsable con tu generación, sé responsable con tu comunidad, sé responsable con tu historia.**

Para el conflicto de fe, una sólida confianza en Dios (Daniel 6:1-28). *..., y ninguna lesión se halló en él, porque había confiado en su Dios* (Daniel 6:23). El Señor Jesús siempre ha sido honesto con sus seguidores; nunca nos prometió un camino sin espinas. De hecho nos prometió grandes sufrimientos, pero nos alentó con la promesa de su presencia siempre segura y con la garantía de un resultado final glorioso. No dejemos de hacer lo que nos toca hacer, que nada ni nadie nos impida seguir adelante con el ministerio, que los hornos de fuego de las pruebas no nos limiten ni deterioren el ejercicio de nuestro ministerio. **No tengas miedo de mantener tus valores en medio de un mundo sin valores; no tengas miedo de compartir tu luz en las tinieblas.**

// // El desafío // //

Recuerda que eres un cisne en un mundo al que no perteneces del todo. **Tienes una misión que cumplir, tienes una tarea que realizar, tienes un Jefe y un sostén.** Vuela alto, no seas del montón, sigue las huellas de aquel que no siguió el camino de todos y nos abrió un nuevo camino para vivir.

Mucho más que hermosura física

"**Y**o no soy bonita, ni lo quiero ser, porque las bonitas se echan a perder". Así cantaban las niñas de mi época infantil. Tal vez hacían alusión a un concepto mundano de la belleza que considera la belleza física una contradicción de la inteligencia y otros atributos. En el personaje de Ester podremos encontrar un nuevo concepto de belleza.

Podemos decir que estamos a punto de tomar un tratamiento de belleza integral. La vida no tiene por que ser tal como a algunos les parece, depende de nuestra actitud y de nuestro estilo de vida. Estudiemos la vida de la joven Ester y sigamos sus huellas.

➤ Las ventajas de Ester:

■ **1. Una huérfana.** *En Susa, la capital, había un judío llamado Mardoqueo hijo de Jair, hijo de Simei, hijo de Quis, de la tribu de Benjamín, que había sido llevado cautivo de Jerusalén junto con los cautivos llevados con Joaquín, rey de Judá, a quien Nabucodonosor, rey de Babilonia, llevó cautivo. Este había criado a Hadasa (que es Ester), hija de su tío, porque ella no tenía padre ni madre. La joven era de bella figura y de hermosa apariencia. Cuando murieron su padre y su* madre, Mardoqueo la tomó como hija suya (Ester 2:5-7). No conocemos las particularidades de su situación, pero no tenía padres. Mardoqueo su primo fue usado por Dios para suplir esa carencia. Sin embargo, ella no se quedó a lamentar su situación; la superó con sus hazañas de mujer capaz.

◄ 2. Una joven viviendo en un país extraño.
Ester no declaró cuál era su pueblo ni su parentela, pues Mardoqueo le había mandado que no lo dijese (Ester 2:10). Ser extranjero era una desventaja para triunfar en la sociedad de aquella época.

◄ 3. Una mujer en un mundo llenos de discriminación.
En el séptimo día, estando el corazón del rey alegre a causa del vino, mandó a Mehumán, a Bizta, a Harbona, a Bigta, a Abagta, a Zetar y a Carcas (los siete eunucos que servían personalmente al rey Asuero), que trajesen a la presencia del rey a la reina Vasti, con su corona real, para mostrar su belleza a los pueblos y a los gobernantes; porque ella era de hermosa apariencia. Pero la reina Vasti rehusó comparecer, a pesar de la orden del rey enviada por medio de los eunucos. El rey se indignó muchísimo, y se encendió su ira (Ester 1:10-12). La mujer, incluso una reina, era tratada como un objeto. Se le valoraba por su belleza exterior. *"Si al rey le parece bien, salga de su presencia un decreto real que sea escrito entre las leyes de Persia y de Media, de modo que no sea abrogado: que Vasti no venga más a la presencia del rey Asuero, y que el rey dé su dignidad real a otra mejor que ella"* (Ester 1:19). No tenía libertad ni decisión sobre su propia vida, estaba a merced de los demás. En este mundo con pocas ventajas para la mujer, Ester, una huérfana, pudo dejar sus huellas como una triunfadora.

➤ Las virtudes de Ester:

◄ 1. Una persona con una hermosura integral.
Este había criado a Hadasa (que es Ester), hija de su tío, porque ella no tenía padre ni madre. La joven era de bella figura y de hermosa apariencia. Cuando murieron su padre y su madre, Mardoqueo la tomó como hija suya (Ester 2:7). *Así Ester obtenía gracia ante los ojos de todos los que la veían* (Ester 2:15). *El rey amó a Ester más que a todas las mujeres, y ella halló gracia y*

favor delante de él, más que todas las demás jóvenes vírgenes. Él puso la corona real sobre su cabeza, y la proclamó reina en lugar de Vasti (Ester 2:17). Desde el principio de su historia se nos aclara que era hermosa. Lo extraordinario es que aún al eunuco lo hubiera conquistado.

Un eunuco era una persona mutilada (castrada) desde su niñez que se ocupaba, justamente, de cuidar a las mujeres de los monarcas de aquella época. Lo que vio en Ester no tiene que ver con sensualidad definitivamente, sino con algo muy especial que no sólo tenía que ver con su físico, sino con la actitud. Independientemente de los cánones de belleza de aquella época, es un hecho que Ester cautivó a todo el que se le puso en frente y terminó siendo la reina de Persia. Podemos decir que es ella la primera mujer de la historia que ganó un concurso de belleza.

■ 2. Una persona con un sometimiento útil. *De acuerdo con lo que Mardoqueo le había mandado, Ester no había declarado cuál era su parentela ni su pueblo. Ester hizo según las instrucciones de Mardoqueo, como cuando estaba bajo su protección* (Ester 2:20). Liberarse para Ester no significó ser rebelde a los códigos morales de aquella época. Con su sumisión no sólo se liberó a sí misma, sino a un pueblo entero.

■ 3. Una persona con lealtad a su pueblo y su fe. *También le dio una copia del documento del decreto que había sido promulgado en Susa para que los judíos fuesen exterminados, a fin de que se la mostrase a Ester, le informase y le encargara que fuese al rey para suplicarle e interceder ante él por su pueblo* (Ester 4:8). Se atrevió a interceder por su pueblo aún en una situación de peligro.

■ 4. Una persona con compromiso de vida. *Si te quedas callada en este tiempo, el alivio y la liberación de los judíos surgirá de otro lugar; pero tú y la casa de tu padre pereceréis. ¡Y quién sabe si para un tiempo como este has llegado al reino!* (Ester 4:14). Hizo lo que le tocaba hacer.

■ 5. Una persona con valor inteligente. *"Ve, reúne a todos los judíos que se hallan en Susa, y ayunad por mí. No comáis ni bebáis en tres días, ni* *de noche ni de día. Yo también ayunaré con mis damas e iré así al rey, aunque no sea conforme a la ley; y si perezco, que perezca"* (Ester 4:16). Puso en riesgo su vida por una buena causa.

➤ Las huellas de Ester:

Apliquemos algunas de las enseñanzas de la vida de esta joven.

◼ 1. Supera tus circunstancias, no te ocultes en tus desventajas. Esto es algo que Dios nos dice en muchos pasajes de la Biblia y con muchos ejemplos de hombres y mujeres que vencieron sus desventajas de vida. Ester fue una joven con muchas desventajas: era mujer en un mundo que la discriminaba, era huérfana, era extranjera y estaba bajo un régimen en el que su voluntad no contaba demasiado. Dios no cambió sus circunstancias pero sí le dio capacidad para superarlas. Un día, cuando estemos delante de Dios, no podremos usar nuestras desventajas para justificarnos por no haber hecho tal o cual cosa, Dios nos dirá: *Te permití carencias y circunstancias adversas para hacer posible que ejercieras tu confianza en mí y fueras capaz de superar los obstáculos de la vida con los dones que te di. En vez de lamentarte, debiste cumplir con la misión que te encargué.*

Cada desventaja que tenemos es una oportunidad para que la gracia de Dios se manifieste; cada carencia tiene su contraparte en la provisión de Dios. **Enfrentemos con valor nuestras circunstancias y superemos todo obstáculo para honra y gloria de Dios.**

◼ 2. Manifiesta la belleza de Dios; no hagas fea la vida. En este libro la belleza es importante. Vasti, la antigua reina, era muy hermosa; eso significa su nombre. Ester, quien en realidad se llamaba Hadasa, resultó más hermosa. Su hermosura no tenía tanto que ver con sus medidas anatómicas o con la geometría de su rostro, sino con una experiencia de vida plena.

Sin duda que su belleza era algo que provenía de su corazón. Dios creó a todos los seres humanos con un toque especial de su belleza; el problema es que no todos se atreven a reflejar esa belleza que viene de Dios. Hay demasiada gente interponiendo sus egoísmos, sus frustraciones, sus envidias y maldades

Ser una persona bella es un asunto de un estilo de vida.

entre la luz de Dios y la vida. Hacen fea la vida proyectando muerte. La belleza no es algo superficial. Ser una persona bella es un asunto de un estilo de vida. Ester manifestó su belleza a través de su sometimiento, su lealtad a su pueblo y su fe, su compromiso y su valentía. **Sé una persona bella proyectando la luz de Dios en tu vida.**

3. Cumple con tu misión; no te engolosines de tus logros. *"Si te quedas callada en este tiempo, el alivio y la liberación de los judíos surgirán de otro lugar; pero tú y la casa de tu padre pereceréis. ¡Y quién sabe si para un tiempo como este has llegado al reino!"* (Ester 4:14). Este es el texto central de este libro. Mardoqueo le presenta a su prima, la reina Ester, el desafío de su vida. Sabemos que en este libro no se menciona ni una sola vez la palabra Dios o el nombre de Dios, pero podemos ver a Dios en su providencia y las manifestaciones de su gracia. El propósito que puedo ver en el detalle tan especial es el siguiente: **El Dios invisible se manifiesta por medio de sus hijos cuando éstos cumplen con su misión de vida.** Ester llegó a ser reina por la voluntad de Dios y no por su linda cara. Tú y yo estamos donde estamos, hemos alcanzado lo que hemos alcanzado para cumplir con una misión. No hemos de ensoberbecernos por lo que en la gracia de Dios tenemos: posición, valores, reconocimiento, puestos, etc. Hemos de realizar la tarea para la cual se nos ha permitido tal bendición. Mardoqueo le dice a Ester una desafiante verdad: De alguna manera Dios va a bendecir y a salvar a su pueblo si tú no haces nada; pero ¿tal vez para este momento de la historia te permitió llegar a ser reina? Si Ester no se hubiera atrevido a actuar como lo hizo, Dios hubiera utilizado a alguna otra persona para defender a su pueblo, pero este libro no se llamaría Ester. **Cumple con la misión que Dios te ha dado ahí donde te ha puesto.**

„ „ El desafío „ „

Hay algo que Dios quiere que tú hagas. Si no lo haces, ya encontrará él quien lo haga en tu lugar, pero ¡tal vez para eso te dio la vida!

El pobre joven rico

Mateo 19:16-26

capítulo

La riqueza de seguir a Jesús

En los Alpes de Suiza, los derrames de agua inician varios ríos, entre ellos, el Danubio, el Rhin y el Ródano. Así que un pequeño trozo de madera que cae en el agua pude tener, dependiendo del camino que tome, tres diferentes destinos tan alejados como el mar Mediterráneo, el mar del Norte o el mar Negro. Tres destinos tan distantes entre sí y un simple cambio de dirección pueden hacer la gran diferencia final. Así es la vida de los seres humanos. Decisiones sencillas traen, como consecuencia, grandes diferencias de resultado final. Joven: ¿Qué dirección tiene tu vida? ¿Qué camino has elegido para llegar a la meta? ¿Qué has hecho con el camino que Jesús te presenta? El pasaje que hoy nos ocupa nos presenta la más trascendente pregunta. **¿Hacia dónde se dirige nuestra vida?** La historia que estudiamos nos presenta la riqueza de seguir a Jesús, presentándonos la tragedia de un joven cuya película podría llamarse: "Pobre joven rico". Veámoslo de la siguiente manera: *He aquí vino uno a él y le dijo: Maestro, ¿qué cosa buena haré para tener la vida eterna? Él le dijo: ¿Por qué me preguntas acerca de lo bueno? Hay uno solo que es bueno. Pero si quieres entrar en la vida, guarda los mandamientos. Le dijo: ¿Cuáles? Jesús respondió: No cometerás homicidio. No cometerás adulterio. No robarás, no dirás falso testimonio, honra a tu padre y a tu* madre, y amarás a tu prójimo como a ti mismo. El joven le dijo: Todo esto he guardado. ¿Qué más me falta? Jesús le dijo: Si quieres ser perfecto, anda, vende tus bienes y dalo a los pobres; y tendrás tesoro en el cielo; y ven, sígueme. Pero cuando el joven oyó la palabra, se fue triste, porque tenía muchas posesiones. Entonces Jesús dijo a sus discípulos: De cierto os digo, que difícilmente entrará un rico en el reino de los cielos. Otra vez os digo que le es más fácil a un camello pasar por el ojo de una aguja, que a un rico entrar en el reino de Dios. Cuando los discípulos lo oyeron, se asombraron en gran manera, diciendo: Entonces, ¿quién podrá ser salvo? Jesús los miró y les dijo: Para los hombres esto es imposible, pero para Dios todo es posible (Mateo 19:16-26).

➤ Seguir a Jesús significa reconocerse pecador:

Mateo nos dice que era un joven (Mateo 19:20), por Lucas sabemos que era principal o príncipe (Lucas 18:18), y los tres sinópticos coinciden en decir que era rico (Mateo 19:22, Lucas 18:23, Marcos 10:22), así que se trataba de un joven importante y adinerado. Podemos decir que de acuerdo a los valores de aquella época, era una persona de buena reputación. Recordemos que los fariseos enseñaban que la prosperidad era parte del favor de Dios, así que una persona adinerada necesariamente era buena. Este joven tenía un punto bueno, sabía que algo le faltaba y por ello se acerca al Maestro más famoso de su época y le pregunta: "¿Qué debo hacer para heredar la vida eterna?" El diálogo que se entabla entre él y nuestro Señor tiene algunas enseñanzas muy importantes. Analicémoslas:

El joven rico: *Maestro, ¿qué cosa buena haré para tener la vida eterna?*

El Señor: *¿Por qué me preguntas acerca de lo bueno?* El Señor percibía un concepto equivocado de bondad en aquel joven, por eso rechaza la alabanza de sus labios.

El Señor: *Guarda los mandamientos.* Los mandamientos no son la respuesta correcta, pero el Señor está tratando de hacer que aquel joven reconozca su necesidad. Podemos decir que se bajó a su nivel y le habló en sus propios términos. El joven había preguntado: *¿Qué debo hacer?* Es decir, ¿qué obra debo cumplir? ¿Qué esfuerzo tengo que realizar? Su confianza estaba basada en sus propios méritos. Tenía una especie de soberbia que le hacía creer que era capaz de salvarse a sí mismo; era rico e importante, así que sólo le hacía falta saber cuál era el requisito y él lo cumpliría. El Señor está tratando de confrontarlo con su real necesidad.

El joven rico: *¿Cuáles?*, preguntó el joven, como alardeado de que los cumplía todos. En vez de reconocer frente a la ley su pecaminosidad, se ensoberbece de estar a cuentas con ella. Tenía una nula conciencia de pecado.

El Señor: *No cometerás homicidio...* Nuestro Señor le hace mención de cinco de los Diez Mandamientos. Es interesante notar que se trata de los mandamientos que no tienen que ver con Dios directamente, sino con el prójimo, como para darle la oportunidad de reconocer que estaba fallando en algunos de ellos.

El joven rico: *Todo esto he guardado.* Insiste en su orgullo espiritual, confiando en su reputación manifiesta una vez más su falta de conciencia de pecado. Se cree perfecto, y por ello cree que puede hacer algo para salvarse.

El joven rico: *¿Qué más me falta?* Podemos pensar que por lo menos era consciente de su necesidad; sin embargo, sus equivocados conceptos no le permitieron disfrutar la respuesta, porque esperaba una respuesta que incluyera algo que él pudiera hacer. Estaba dispuesto a hacer cualquier cosa que incluyera el uso de su dinero, su esfuerzo o su reputación; pero no estaba dispuesto a reconocer que estaba mal delante de Dios. Su problema fue que la reputación no es igual en el cielo que en la tierra. Lo que opina nuestro padre o nuestra madre de nosotros, lo que opinan aquellos que sólo nos ven en una situación determinada no es necesariamente la opinión de Dios sobre nuestra vida. Al confrontarnos con el espejo de la ley divina, no tenemos más que avergonzarnos y reconocer lo mal que estamos delante de Dios. El apóstol Pablo, Pedro, Juan, Santiago, Clemente de Alejandría, Ignacio de Antioquía, Francisco de Asís, Martín Lutero y todos los grandes cristianos de la historia, han sido personas con una fuerte y profunda convicción de pecadores; esta convicción ha estado en sus corazones desde la juventud. No se puede seguir a Cristo creyéndose digno de algo, no se puede ser discípulo considerándose capaz de logros espirituales por uno mismo.

Se dice que una vez un hombre encontró un tesoro muy grande, pero justamente cuando ya lo tenía en la seguridad de su casa, el médico le informó que tenía los días contados. No tenía a nadie a quien heredar su tesoro, así que fue a la plaza en donde los hombres desempleados se juntaban a contar sus penurias, se paró en medio de ellos y preguntó: "¿Quién es el hombre más necesitado y pobre de este lugar?". Nunca recibió respuesta, pues a ninguno le agradó la idea de reconocer su terrible necesidad. Se regresó a su casa en donde murió sin revelar el lugar secreto de su tesoro. Muchos jóvenes tienen serios problemas para reconocer su pecado. Cuando son atrapados "con las manos en la masa", dicen: "¿Qué tiene de malo?". No seas uno de esos necios que viven atrapados por la soberbia.

➤ Seguir a Jesús significa exponerse al amor:

Aquel joven había obedecido la ley de los "no": No había matado, no había adulterado, no había robado. Pero entre los mandamientos que nuestro Señor le presentó, estaba uno que no está expresado en el Decálogo sino como principio general: *"...amarás a tu prójimo como a ti mismo"*. Quizás allí estaba el problema de aquel joven, quizás era egoísta, y quizás nunca pensaba en los demás. También es interesante notar que nuestro Señor cambió de orden el mandamiento de honrar a los padres, lo puso al final cuando debió ser el primero de la lista. Quizás el joven era rico pero, tal como lo enseñaban los fariseos, no se hacía cargo de sus padres utilizando la famosa ley del "Corbán". (La ley del Corbán consistía en declarar un objeto o bien material como consagrado para el templo, pero se pervirtió y se llegó a usar como una ley que quitaba a los hijos la obligación de ayudar a sus padres al declarar como Corbán todo aquello con lo que les pudiera ayudar, y de esa manera quedaban exentos de por vida de su responsabilidad con sus familiares). Su problema entonces no era que hubiera hecho algo malo, sino que nunca había hecho nada bueno por los demás. Había cumplido legalistamente la ley, según él, pero no había cumplido con el espíritu de la ley. Eso era justamente lo que le hacía falta todavía. Es por ello que nuestro Señor le desafía a beneficiar a los pobres, dándoles sus riquezas. Es aquí donde podemos descubrir que no sólo era joven rico y príncipe, también era un egoísta. Quería tener un encuentro con un maestro, pero le hacía falta un encuentro con Dios; y luego, habiéndole tenido enfrente, no lo aprovechó. Se amaba demasiado a sí mismo como para amar a los demás; también amaba demasiado a sus bienes materiales. Religiosamente hablando, era intachable, pero en cuestión de cristianismo, estaba reprobado. Algunos jóvenes no piensan en las necesidades de sus papás, hermanos o compañeros; sólo piensan en sus propias necesidades y exigen que se satisfagan a cualquier costo. No hay peor escena de la vida que un(a) joven exigiendo a sus padres un capricho. Seguir a Jesús es vivir el amor verdadero y eso significa vencer el egoísmo.

Su problema . . . era que . . . nunca había hecho nada bueno por los demás.

➤ Seguir a Jesús significa ser libre del materialismo:

Lo más trascendente de toda la historia es que siendo su primer contacto con Jesús, se le demanda que venda todo lo que tiene y lo dé a los pobres. Alguno diría: "Señor, debiste esperar a que creciera para hablarle del dinero. Todavía no está bautizado, todavía no asiste a una campaña de mayordomía y ¿ya está siendo desafiado a dejar su dinero?". Otro podría decirle al Señor: "Señor, el diezmo es del Antiguo Testamento". O bien: "La Biblia dice que 'cada uno dé como propuso en su corazón', ¿por qué espantaste a aquel joven de esa manera?". Pero está muy claro que nuestro Señor le estaba desafiando a dejar de ser esclavo del materialismo. Su problema es que estaba demasiado poseído por las cosas materiales que lo que poseían. Cuando como personas poseemos cosas de manera inadecuada, las cosas también empiezan a poseernos. Podemos notarlo cuando un joven no puede separarse de los juegos de video y cuando es capaz de mentir y robar por continuar. Podemos notarlo cuando no podemos dormir ni ser felices por estar a punto de perder una casa o un carro. Podemos verlo claramente cuando llegamos a tener problemas matrimoniales o familiares por la esclavitud al trabajo y el afán por el dinero. A los apóstoles les causó una gran impresión que Jesús dijera que era difícil que un rico entrara al "reino de Dios" y después contara la ilustración de la aguja y el camello; pero el Maestro no estaba diciendo que los ricos no pueden salvarse. De hecho podemos ver algunos casos de hombres poderosos económicamente y que fueron salvos: Zaqueo, el hombre más rico de Jericó (Lucas 19:9); José de Arimatea (Mateo 27:53); Nicodemo (Juan 19:39; se necesitaba ser rico para comprar especias aromáticas). El Señor no tenía problemas con la riqueza de aquel joven; lo que le preocupaba era su dependencia. Es probable que si la respuesta hubiera sido positiva, y hubiera aceptado vender su riqueza para darla a los pobres, el Señor lo hubiera recibido como su discípulo. Tal vez le hubiera indicado que ya no hiciera ese sacrificio; tal vez fuera sólo un examen para probar su actitud. El Señor no estaba cerrando la puerta para los ricos. Lo que sí estaba diciendo es que a ricos o pobres que suelen confiar en sus riquezas, las riquezas les hacen difícil la entrada al reino.

➤ ¿En qué sentido dificultan las riquezas la entrada al reino?:

◢ 1. Las riquezas dificultan la dependencia en Dios y fomentan una dependencia de la materia. Puede hacer que los seres humanos confíen demasiado en su poder económico y se ensoberbezcan en vez de buscar a Dios. Un ejemplo sería la iglesia en Laodicea que nos narra Apocalipsis 3:17.

2. Dificultan la libertad espiritual y esclavizan al ser humano. Alguien dijo al contemplar las riquezas de una ciudad: "Estas cosas hacen difícil morir". El Señor ya lo había dicho en Mateo 6:21: "La materia puede apoderarse del corazón del hombre y esclavizarlo".

3. Dificultan el ser feliz y hacen al ser humano un egoísta. El problema más fuerte del materialismo es que nunca se consigue ser feliz, y uno siempre desea un poco más. Emmanuel Kant dijo: "Las personas se hicieron para amarse y las cosas para usarse; es inmoral usar a las personas o amar a las cosas". Con cuánta tristeza leemos que el joven rico le da la espalda al Señor. No pudo dar el paso decisivo. Había llegado ante él, sabiendo que algo le faltaba; se alejó de él con la misma conciencia, pero ahora con tristeza. Amaba demasiado sus bienes como para seguir a Jesús a pesar de perderlos. No entendía que sus bienes pudieran ser útiles para nadie más que para él. Aquí hay una enseñanza mucho muy importante: No se puede seguir a Jesús y ser un tacaño a la vez; no se puede ser cristiano y materialista; no se puede ser discípulo del Maestro Jesús y esclavo de la materia. ¡Sé libre!

// // El desafío a vencer... // //

El desafío de nuestro Señor a aquel joven importante y adinerado es el desafío que nos sigue haciendo a los hombres de todas las épocas, a los que están fuera de los templos y a los que están dentro también. Aceptar o no esta invitación a seguirle es lo más trascendente de la vida; de ello depende nuestro futuro temporal y eterno. Es una invitación a ser feliz, una invitación a seguirle verdaderamente, una invitación a ser rico, una invitación a vencer la soberbia, el egoísmo y el materialismo. ¡Aceptémosla!

Diez demandas bíblicas para el joven

La Biblia tiene un mensaje para todos los seres humanos. Les habla a los niños, a los adolescentes, a los adultos, a los ancianos, a los hombres y a las mujeres. Su mensaje se resume en por lo menos dos cosas: es un llamado a la salvación para quienes no le conocen aún, y es un mensaje de desafío para quienes han decidido seguirle. Podemos resumirlos diciendo: Un desafío a creer y un desafío a ser mejor. Salvación y ética para la humanidad.

Si nos enfocamos en el mensaje para la juventud, si tomamos en cuenta aquellos pasajes en donde se hace alusión a los adolescentes y jóvenes, podemos hacer una lista de diez demandas bíblicas para el joven. En esta primera parte analizaremos sólo cinco de ellas, las otras cinco las estudiaremos en un capítulo posterior.

➤ **1. Guarda tu corazón.** *Hijo mío, pon atención a mis palabras; inclina tu oído a mis dichos. No se aparten de tus ojos; guárdalos en medio de tu corazón. Porque ellos son vida a los que los hallan, y medicina para todo su cuerpo. Sobre toda cosa guardada, guarda tu corazón; porque de él emana la vida. Aparta de ti la perversidad de la boca, y aleja de ti la falsedad de los labios. Miren tus ojos lo que es recto, y diríjase tu vista a lo que está frente a ti. Considera la senda de tus pies, y todos tus caminos* *sean correctos. No te apartes ni a la izquierda ni a la derecha; aparta tu pie del mal* (Proverbios 4:20-27). El corazón, más allá de que es sólo un músculo del cuerpo humano, que se mueve sin que hagamos algo para lograrlo y que es vital en el funcionamiento de nuestro organismo, siempre se ha sobreestimado y se le atribuyen valores extraordinarios. El día de hoy sabemos que existen otros órganos vitales, incluso imposibles de sustituir; sin embargo, seguimos usando el corazón como símbolo de lo fundamental de la vida. En nuestra cultura usamos el corazón para referirnos a la base de los sentimientos. Decimos: "Te quiero con todo el corazón". Sin embargo, en la cultura que da origen a este texto que estudiamos, el corazón representaba la base de los pensamientos. El corazón era el centro de la vida, lo vital, aquello de donde emanaba todo pensamiento, sentimiento y actitud. Por eso, el Señor Jesucristo dijo alguna vez: *No es buen árbol el que da malos frutos, ni es árbol malo el que da buen fruto. Porque cada árbol es conocido por su fruto; pues no se recogen higos de los espinos, ni tampoco se vendimian uvas de una zarza. El hombre bueno, del buen tesoro de su corazón, presenta lo bueno; y el hombre malo, del mal tesoro de su corazón, presenta lo malo. Porque de la abundancia del corazón habla la boca* (Lucas 6:43-45). Algunos piensan que podemos traducir la exhortación a guardar el corazón de la siguiente manera: "Sobre toda cosa guardada, guarda tu mente". Sin embargo, esto sería muy superficial. Más bien debemos traducir: *"Cuida la esencia de tu vida", "Cuida tu naturaleza espiritual", "Cuida tu interior", "Cuida tu yo interno".* Porque esto es lo que más o menos querían decir en aquella época cuando se referían al corazón.

Este es el consejo de Salomón a los que él llama hijos, o sea, a los jóvenes, a los de las nuevas generaciones. Es un consejo a guardar lo más precioso de la vida; de hecho, podemos hablar de la virginidad del ser, y sin problemas podemos relacionarlo con la virginidad sexual. Porque se trata de un consejo global a cuidarse, a no dejarse contaminar, a no abrir la puerta a cosas extrañas. Desde pequeños se nos daban una y mil recomendaciones, ¿no es cierto? Nos decían: "No platiques con extraños, no aceptes nada (ni siquiera un dulce) de un extraño, no abras la puerta a nadie, ese programa de televisión no es para niños", etc. Sin embargo, ahora que son jóvenes, decidir a quién le abren la puerta y a quién no, es un asunto personal. No me refiero a la puerta de la casa, sino a la puerta del corazón con todo lo que esto significa. ¿Sabes una cosa, joven? No es cosa sencilla y simple la pureza de la vida. Si es peligrosa el agua contaminada, si es desagradable una bebida adulterada, ¡imagínate lo triste que es una vida que ha recibido impurezas, veneno y contaminación! El día de hoy, la moda es lo natural. Todo mundo quiere comer lo más natural posible. La medicina naturista se ha puesto de moda. Algunas modas de vestir están apelando también a un aspecto natural. Pues bien, sería bueno buscar también una vida natural, una vida sin contaminación, una vida sin petróleo en el agua, una vida sana, que es lo mismo que santa. Una vida verdadera. **Sobre todo, cuida tu corazón.**

➤ **2. Que la juventud no te estorbe.** *Nadie tenga en poco tu juventud; pero sé ejemplo para los creyentes en palabra, en conducta, en amor, en fe y en pureza* (1 Timoteo 4:12). Timoteo debió tener más de 30 años cuando Pablo le escribe de esta manera. Sin embargo, ante los ancianos de la iglesia, su edad pudo ser un impedimento para que aceptaran su autoridad como líder. Pablo le recomienda que no permita que su edad le impida cumplir con su misión. El día de hoy hay gente que justifica las actitudes y acciones equivocadas de la juventud con el siguiente argumento: "Son jóvenes. Ni modo, así son los jóvenes". En ocasiones apela al concepto mundano de joven y se define como alguien "reventado, irresponsable, parrandero, rebelde, opuesto a todo tipo de orden y/o autoridad etc.". Se olvidan de que en la Biblia se dice otra cosa de los jóvenes. La Biblia nos habla de tres valientes que estuvieron dispuestos a ser quemados antes que a ceder, nos habla de un adolescente que mató a un gigante, nos habla de una joven reina cuyo lema fue "si perezco, que perezca" y nos habla del más hermoso de los jóvenes, quien murió en la cruz del Calvario por todos nosotros. Que seas joven no debe impedirte seguir a Jesús; al contrario te puede ayudar a seguirle mejor. Ser joven tiene sus desventajas, veamos algunas: poca experiencia, poca responsabilidad, poco orden, poco reconocimiento de los mayores y muchas, pero muchas preguntas sin respuesta. Sin embargo, también tiene sus ventajas: mucha fuerza, mucha vida por delante, mucho idealismo, muchas ganas de innovar, mucho ímpetu, mucho amor, mucha pasión y mucho corazón. **Que la juventud no sea un estorbo para ser cristiano.**

➤ **3. Responde a Dios a tiempo.** *Entonces, el reino de los cielos será semejante a diez vírgenes que tomaron sus lámparas y salieron a recibir al novio. Cinco de ellas eran insensatas, y cinco prudentes. Cuando las insensatas tomaron sus lámparas, no tomaron consigo aceite; pero las prudentes tomaron aceite en sus vasijas, juntamente con sus lámparas. Y como tardaba el novio, todas cabecearon y se quedaron dormidas. A la media noche se oyó gritar: "¡He aquí el novio! ¡Salid a recibirle!". Entonces, todas aquellas vírgenes se levantaron y alistaron sus lámparas. Y las insensatas dijeron a las prudentes: "Dadnos de vuestro aceite, porque nuestras lámparas se apagan". Pero las prudentes respondieron diciendo: "No, no sea que nos falte a nosotras y a vosotras; id, más bien, a los vendedores y comprad para vosotras mismas". Mientras ellas iban para comprar, llegó el novio; y las preparadas entraron con él a la boda, y se cerró la puerta. Después vinieron también las otras vírgenes diciendo: "¡Señor, señor, ábrenos!" Pero él respondiendo dijo: "De cierto os digo que no os conozco". Velad, pues, porque no sabéis ni el día ni la hora* (Mateo 25:1-13). Las diez adolescentes que se mencionan en esta historia tenían una misión muy especial. Eran las encargadas de alegrar el momento crucial en el que el esposo tomaba a su esposa y entraba con ella a la alcoba nupcial. Esto era el momento culminante en las bodas judías. Las bodas judías solían durar días, semanas y en algunas ocasiones duraron meses. Así que, el momento en que este grupo de muchachas debería aparecer en escena no estaba previsto; se trataba de algo intempestivo para lo que deberían estar preparadas. Este ejemplo usa Jesús para hablarnos de su segunda venida y del juicio final. Con ello nos enseña por lo menos tres cosas, joven:

a) **No dejes para lo último lo más importante de la vida.** Algunos están demasiado empeñados en el estudio, como si fuera una gran hazaña dejar de vivir lo que corresponde vivir en cada etapa de la vida por satisfacer las exigencias de algunas escuelas. Otros por necesidad o por gusto tienen que anticipar su inclusión al mercado laboral y abandonan las condiciones de la juventud para obtener recursos. Otros más se dedican a lo que llaman "disfrutar de la vida" fascinados por una moda de diversión que les cobra una alta factura en la nueva etapa de la vida. Todo esto no sería tan grave, si se tomaran un tiempo oportuno para buscar a Dios. Como dice la Escritura, todo tiene su tiempo, y hay cosas que se deben vivir en la juventud y no debemos posponerlas. **No dejes para lo último lo primero.**

...hay gente mayor que se la pasa añorando lo que pudo haber hecho...

b) **Prepárate en el presente para enfrentar el futuro.** Por otro lado, es necesario tener suficiente aceite en la lámpara de la vida. Podemos interpretar el aceite como un símbolo del Espíritu Santo, podemos pensar en reservas de vida, podemos imaginar acumulación de fe. En todo caso, se trata de preparación. Es decir que, estudiar es importante. La reflexión del párrafo anterior no es un llamado a la irresponsabilidad, sino un llamado a priorizar la vida. Un joven debe hacer acopio, mientras pueda, de energía, de amigos, de fe, de experiencias positivas, de sabiduría, de capacitación, de experiencia, de disfrute de la vida, para que nunca le falte. Es triste, pero hay gente mayor que se la pasa añorando lo que pudo haber hecho o pudo haber sido, siempre con la nostalgia de cosas que dejaron pendientes. Dormir bien por la noche nos permite vivir lúcidamente y con fuerzas suficientes para el trabajo de cada día. Vivir un día a plenitud nos permite dormir plácidamente. Es decir que lo que hacemos hoy repercute mañana. **Joven, prepárate cada día para vivir mejor mañana.**

C) **No entregues tu vida a nadie; la necesitas para ti mismo.** La parábola es muy clara: las jovencitas que estaban preparadas con suficiente aceite no quisieron prestar a las otras, no por egoísmo, sino por sabiduría práctica. Joven, hay cosas que no debes prestar; son tuyas, las usarás tarde o temprano y deben estar en buen estado.

No prestes tu mente, no entregues tu corazón a cosas vanas, no des tu virginidad sino a tu esposo(a), no regales tu fuerza a causas injustas. **No te tardes en decir a Dios que sí, sólo él debe ser dueño de tu vida.**

➤ **4. Aprende de los mayores.** *Escucha, hijo mío, la disciplina de tu padre, y no abandones la instrucción de tu madre;…* (Proverbios 1:8). *Hijo mío, si los pecadores te quisieran persuadir, no lo consientas* (Proverbios 1:10). *Hijo mío, no andes en el camino de ellos; aparta tu pie de sus senderos* (Proverbios 1:15). *Hijo mío, si aceptas mis palabras y atesoras mis mandamientos dentro de ti,* (Proverbios 2:1). *Hijo mío, no te olvides de mi instrucción, y guarde tu corazón mis mandamientos;…* (Proverbios 3:1). *No deseches, hijo mío, la disciplina del Señor, ni te resientas por su represión;…* (Proverbios 3:11). *Hijo mío, no se aparten estas cosas de tus ojos; guarda la iniciativa y la prudencia,…* (Proverbios 3:21). *Escucha, hijo mío, y recibe mis dichos, y se te multiplicarán años de vida* (Proverbios 4:10). *Hijo mío, pon atención a mis palabras; inclina tu oído a mis dichos* (Proverbios 4:20). *Hijo mío, pon atención a mi sabiduría, y a mi entendimiento inclina tu oído;…* (Proverbios 5:1). *¿Por qué, hijo mío, andarás apasionado por una mujer ajena y abrazarás el seno de una extraña?* (Proverbios 5:20). *Hijo mío, si diste fianza por tu prójimo y estrechaste la mano con un extraño,…* (Proverbios 6:1). *Ahora pues, haz esto, hijo mío, para quedar libre, ya que has caído en las manos de tu prójimo: Anda, humíllate, importuna a tu prójimo;…* (Proverbios 6:3). *Guarda, hijo mío, el mandamiento de tu padre, y no abandones la instrucción de tu madre* (Proverbios 6:20). *Hijo mío, guarda mis palabras y atesora mis mandamientos dentro de ti* (Proverbios 7:1). *Hijo mío, deja de atender la enseñanza que te hace divagar de las palabras del conocimiento* (Proverbios 19:27). *Hijo* *mío, si tu corazón es sabio, también a mí se me alegrará el corazón* (Proverbios 23:15). *Escucha tú, hijo mío, y sé sabio; endereza tu corazón en el camino* (Proverbios 23:19). *Dame, hijo mío, tu corazón, y observen tus ojos mis caminos* (Proverbios 23:26). *Come, hijo mío, de la miel, porque es buena; y del panal, que es dulce a tu paladar* (Proverbios 24:13). *Hijo mío, teme al Señor y al rey, y no te asocies con los inestables* (Proverbios 24:21). *Sé sabio, hijo mío, y alegra mi corazón; así tendré qué responder al que me ultraja* (Proverbios 27:11). *Palabras de Lemuel, rey de Masá, que le enseñara su madre: ¡Oh, hijo mío! ¡Oh, hijo de mi vientre! ¡Oh, hijo de mis votos!* (Proverbios 31:1-2). Uno de los problemas de la raza humana en el mundo del día de hoy es la crisis de transferencia de vida. Es decir, existe tal amplitud en la llamada brecha generacional que cada individuo tiene que aprender en carne propia lo que podría aprender de sus mayores. Muchos tienen que experimentar dolor, tristeza, frustración y muerte para poder darse cuenta de que hubiera sido mejor andar por otro camino. Esto no tiene que ser así. Los seres humanos fuimos dotados por Dios de una gran capacidad de reflexión, y podemos, si queremos, aprender en cabeza ajena, antes de permitir que algo de nosotros sea destruido. Tal vez algunos lo consideren anticuado, fuera de moda y terriblemente "out"; pero sigue siendo importante aprender de los padres. Ellos ya pasaron por ahí, ellos ya tropezaron con esas piedras, ellos nos aman y quieren lo mejor para nosotros. Es más sabio partir de un conocimiento transferido, que comenzar de nuevo. Ahórrate vida para vivir a plenitud, aprendiendo de los más viejos. La soberbia de aquellos que creen que todo lo pueden, lleva a muchos a la destrucción. **Hijo mío (me refiero a todos los jóvenes) aprende de los que van adelante en la carrera de la vida.**

➤ **5. Atrévete a seguirlo.** *Entonces todos los suyos le abandonaron y huyeron. Pero cierto joven, habiendo cubierto su cuerpo desnudo con una sábana, le seguía; y le prendieron. Pero él, dejando la sábana, huyó desnudo* (Marcos 14:50, 51). Algunos quieren seguirle, otros sólo lo intentan. Algunos dicen que le siguen, otros lo hacen realmente. No estamos seguros quién era este personaje. Ya hemos dicho que posiblemente se trata de Juan Marcos, quien después escribiera el evangelio. De cualquier manera es sin duda uno que intentó seguir a Jesús. Quizás estaba impresionado por sus enseñanzas, tal vez quería ser uno de sus discípulos, pero el olor a muerte, la persecución y los problemas que sucedían en ese momento del arresto del Señor, lo hicieron desistir. ¡Qué terrible! como dirían ustedes: "¡Qué oso!". Salió corriendo desnudo. No se tú, pero si me pasa a mí no vuelvo a dar la cara en público. Sin embargo nos enseña una cosa: ¡No hagas "osos"! Síguele de verdad. No te eches para atrás, no desistas, no te escondas en la escuela, no inventes justificaciones con las que estás creciendo y ahora piensas diferente. ¡Síguele! Jesús vale la pena. *¡Atrévete a seguirlo!*

" " El desafío: " "

En marzo de 1933, Albert Einstein estaba visitando el campus de la Universidad de California en Long Beach, junto con un profesor del departamento de geología. Caminaban por el campus mientras disertaban acerca de los terremotos en esa zona, las fallas geológicas, la falla de San Andrés especialmente. De pronto, la gente comenzó a correr por todos lados, sin que ellos se percataran de lo sucedido. Justamente, se estaba experimentando en la ciudad un terremoto. Todos lo sentían menos ellos, porque estaban absortos en la reflexión teórica sobre los sismos.

El mundo está lleno de personas que discuten sobre la vida, sobre la fe, sobre cómo enfrentar el futuro, sobre Dios, sobre las cosas importantes. ¿Sabes una cosa? Algunos no hacen más que eso. Tú, joven, debes ser de los que se atreven a vivir y no sólo a disertar sobre la vida. Pon atención a lo que la Biblia te demanda. Guarda tu corazón; que la juventud no te estorbe para creer, responde a Dios a tiempo, aprende de los mayores. *¡Atrévete a seguirlo!*

Diez demandas bíblicas para el joven (continuación)

L a teología cristiana se resume en la respuesta a dos preguntas: ¿Quién es Dios? Y: ¿Qué quiere? En relación a la segunda pregunta ¿qué quiere Dios?, existen por lo menos 10 respuestas en relación a la juventud. En el capítulo anterior estudiamos las primeras cinco demandas bíblicas para el joven, he aquí las restantes.

➤ **6.** **Purifica tu alma en la Palabra de Dios.** *¿Con qué limpiará el joven su camino? Con guardar tu palabra* (Salmo 119:9). No hay de otra, la vida cristiana no puede vivirse ajenos a la Palabra de Cristo. Este es un principio fundamental de la fe: o estamos cimentados en la Palabra o estamos perdidos. El texto es parte del salmo más extenso, se trata del capítulo más largo de toda la Biblia. Este salmo es un acróstico que utiliza en cada sección una de las letras del alfabeto hebreo. En todo el salmo se exalta el valor de la Palabra de Dios, y en esta porción en particular, se inicia con una declaración fundamental que podríamos resumir en lo siguiente: **La Palabra de Dios limpia la vida del hombre.** Algunos adolescentes y algunos jóvenes tienen problemas serios con la limpieza. ¡No les gusta bañarse! Otros tardan en obedecer las órdenes de sus padres respecto a limpiar sus cuartos. Si tomamos en cuenta lo que dicen algunos psicólogos respecto a la relación que existe entre el orden concreto y externo y el orden interno, y lo aplicamos a la limpieza, ¿cómo tendrán algunos el alma de sucia? Joven, necesitas apoyarte en la Palabra del Señor; necesitas limpiar tu vida con la Palabra de Dios.

El día de hoy se reconoce el valor del agua. Es común encontrar personas con una botella de agua en su mano por todos lados, de hecho, se ha convertido en una moda. La idea surge de una verdad: es necesario que tomemos mucha agua para estar sanos, el agua te ayuda en la digestión, te ayuda a tener un mejor cutis, y un cabello sano entre otras cosas. Podemos decir que el agua limpia el cuerpo de impurezas. No por nada, el Señor usó el agua como metáfora de la vida y la Palabra (Juan 7:38). Sería bueno que implementáramos esta verdad en el ámbito espiritual. Sería fascinante ver personas por todos lados con la Biblia en la mano. Si todos usáramos la Biblia como sostén y como poder purificador, estaríamos más limpios y sanos.

Joven, ten cuidado de lo que comes. Imaginemos este ejemplo: Llegas a un restaurante y pides la especialidad de la casa, después de unos minutos recibes un gran platillo adornado en forma excelente y aquello huele a gloria. Estás tan emocionado que quieres conocer al chef. Aunque no es apropiado, insistes, y finalmente el chef se presenta delante de ti y te das cuenta de algo terrible: el hombre tiene las uñas largas y mugrosas, el pelo suelto y sucio, y su ropa parece de "pepenador". ¿Te comerías el plato preparado por él? Es absurdo, pero hay jóvenes que son capaces de comerse música, cine, teatro, libros, filosofías, ideas, etc., preparadas y manoseadas por gente sucia del alma. ¡No te "azotes"! **Limpia tu vida en la Palabra de Dios.**

➤ **7. Cumple tu misión.** *Alégrate joven, en tu adolescencia, y tenga placer tu corazón en los días de tu juventud. Anda según los caminos de tu corazón y según la vista de tus ojos, pero ten presente que por todas estas cosas Dios te traerá a juicio. Quita, pues, de tu corazón la ansiedad, y aleja de tu cuerpo el mal; porque la adolescencia y la juventud son vanidad. Acuérdate de tu Creador en los días de tu juventud: antes que vengan los días malos, y lleguen los años de los cuales digas: "No tengo en ellos contentamiento"* (Eclesiastés 11:9, 10; 12:1). Lo que sigue después de este texto es un poema hermoso que nos presenta la intransigencia del tiempo y la realidad del envejecimiento humano. Pero, antes de ello, presenta un desafío a los jóvenes para aprovechar la juventud y cumplir con su misión.

Un día, en el taller del carpintero se manifestaron las herramientas. El serrucho dijo: "¡No pienso cortar ni una pulgada más! Estoy harto de hacerlo siempre yo, todo yo, todo yo. ¿Por qué no lo hace el martillo, o el clavo, o la lija?". Después de sus gritos se colgó en su lugar y se quedó inerte. El martillo alzó la voz y dijo: "Pues yo no estoy de acuerdo con lo que pasa aquí. Siempre me toca lo peor. ¿Creen que no es cansado estar martillando todo el día? Que se busquen otro, ¡yo renuncio!". Y se metió en la caja de herramientas y se encerró. El clavo y la lija también dijeron su discurso más o menos por el mismo lado: "Soy la única que se talla todo el día", gritó la lija. "Yo puro recibir golpes en la cabeza", gruñó el clavo. Se fueron cada uno a su rincón y la carpintería quedó en silencio. El carpintero llegó y aunque tenía un gran proyecto, no pudo iniciar su trabajo. "¿Dónde están todos?", preguntó. Nadie respondió. Después de un rato, una a una, las herramientas salieron y manifestaron su queja. El carpintero explicó: "Cada una de ustedes tiene una misión que cumplir. Si se rehúsan a hacerlo, no podré realizar mi proyecto; cada una de ustedes sabe y puede hacer algo que los demás no pueden realizar. Es muy grave que renuncien a aquello para lo que fueron creadas. Si ustedes renuncian a su tarea, renuncian a su misión en la vida y renuncian a vivir. ¿Quieren morir anticipadamente acaso?". Después de este discurso, una a una, las herramientas salieron de su aislamiento y comenzaron a trabajar. Moraleja: No dejes de hacer lo que te toca, eso es lo mismo que morirse antes de tiempo. **Cumple tu misión.**

➤ **8. Sé tú mismo.** *Pero Daniel se propuso en su corazón no contaminarse con la ración de la comida del rey ni con el vino que éste bebía. Pidió, por tanto, al jefe de los funcionarios que no fuera obligado a contaminarse (Daniel 1:8). Sadrac, Mesac y Abed-nego respondieron y dijeron al rey: Oh Nabucodonosor, no necesitamos nosotros responderte sobre esto. Si es así, nuestro Dios, a quien rendimos culto, puede librarnos*

▰▰▰ **¡no sueltes la cuerda!**

La Palabra de Dios limpia la vida del hombre.

del horno de fuego ardiendo; y de tu mano, oh rey, nos librará. Y si no, que sea de tu conocimiento, oh rey, que no hemos de rendir culto a tu dios ni tampoco hemos de dar homenaje a la estatua que has levantado (Daniel 3:16-18). Santidad es ser uno mismo.

Fuimos creados con un propósito divino y cumplirlo es hacer la voluntad de Dios. Algunos creen que la santidad es una tarea titánica en donde se involucra la más grande voluntad y el más grande sacrificio de vida. Algunos incluso creen que ser santo es abandonar la vida, pero resulta que es justamente lo contrario. Santidad es vivir a plenitud, es hacer aquello para lo cual fuimos creados. Santidad es ser feliz, tanto como se puede ser siendo uno mismo. El ser humano nunca es drogadicto, ni alcohólico, ni mentiroso, ni asesino, ni perdedor, ni amargado, ni engañador: Cuando alguien se porta así, en realidad está actuando en contra de su diseño; se está disfrazando de algo que en realidad no es. Por eso, lo mejor en la vida es ser uno mismo. Daniel no estaba dispuesto a disfrazarse de babilónico; él era un judío educado en la Palabra de Dios y así permaneció. Podemos pensar que abstenerse de comer carne de puerco, vino y algunas otras cosas que comían en Babilonia y que no comían entre los hebreos no es gran cosa el día de hoy, pero esta fue la manera como Daniel demostró su identidad ante aquellos gentiles. Los tres valientes que se negaron a adorar la estatua, en nuestro tiempo se hubieran rehusado a participar en la diabólica fiesta de Halloween, se hubieran rehusado a escuchar cierta clase de música, se hubieran rehusado a asistir a ciertos lugares. El día de hoy hay quienes no son capaces de hacer tal cosa a pesar de que no hay horno de fuego que les desafíe. La demanda bíblica para un joven es esta: **Sé tú mismo, tal como Dios te imaginó y te creó.**

➢ 9. **Apoya sólo la causa del bien.** *Cuando llegó el día, los judíos tramaron un complot y se juraron bajo maldición, diciendo que no comerían ni beberían hasta que hubieran dado muerte a Pablo. Eran* *más de cuarenta los que habían hecho esta conjuración. Ellos fueron a los principales sacerdotes y a los ancianos, y les dijeron: Nosotros hemos jurado bajo maldición, que no gustaremos nada hasta que hayamos dado muerte a Pablo. Ahora, pues, vosotros con el Sanedrín solicitad al tribuno que le saque mañana a vosotros, como si tuvierais que investigar su caso con más exactitud. Pero nosotros estaremos preparados para matarle antes que él llegue. Pero el hijo de la hermana de Pablo oyó hablar de la emboscada. Él fue, entró en la fortaleza y se lo informó a Pablo. Pablo llamó a uno de los centuriones y le dijo: Lleva a este joven al tribuno, porque tiene algo que comunicarle. Entonces él le tomó, le llevó al tribuno y le dijo: El preso Pablo me llamó y me rogó que trajera este joven a ti, porque tiene algo que decirte. El tribuno le tomó de la mano, y llevándolo aparte le preguntó en privado: ¿Qué es lo que tienes que decirme? Y él dijo: Los judíos han acordado rogarte que mañana saques a Pablo al Sanedrín, como si fueran a indagar algo más exacto acerca de él. Pues tú, no les creas, porque más de cuarenta hombres de ellos le están preparando una emboscada. Se han jurado bajo maldición que no comerán ni beberán hasta que le hayan asesinado. Ahora están listos, esperando una promesa de parte tuya. Luego el tribuno despidió al joven encargándole: No digas a nadie que me has informado de esto* (Hechos 23:12-22). En la vida uno debe escoger de qué lado está en la guerra o será perseguido por ambos ejércitos. Aquí vemos a un joven uniéndose a la causa del reino y manifestando abiertamente su desintegración de la causa del mal. Algunos podrían llamarle soplón, chismoso o entrometido, pero la verdad es que se trata de un joven valiente que no estuvo dispuesto a ser cómplice de la maldad. A ciencia cierta sé que los jóvenes de las iglesias a menudo experimentan tropiezos por causa de las intrigas, chismes, comentarios destructivos y confabulaciones que hacen los adultos. Qué triste, pero cierto. Joven, debes saber por lo menos dos cosas: esto es normal, la Biblia dice que el Señor sembró trigo, pero vino el

Debemos delatar el error y exaltar la verdad.

malo y sembró cizaña. No podemos hacer mucho ahora, porque esas dos plantas se parecen; pero un día, el Señor hará separación de las cosas. Por otro lado, tú no debes permanecer en medio, no puedes argumentar ignorancia, no puedes aprobar el mal. Como joven debes manifestarte a favor de las causas justas y debes condenar y actuar en contra de la maldad. En la escuela, en la empresa, en el barrio y dondequiera que estamos, existen enemigos de la verdad y del evangelio; no las escuchemos como si fuera lo más normal. Debemos delatar el error y exaltar la verdad. **Únete a la causa del bien.**

➤ **10.** **Sé parte de la historia.** *Entonces Pedro se puso de pie con los once, levantó la voz y les declaró: Hombres de Judea y todos los habitantes de Jerusalén, sea conocido esto a vosotros, y prestad atención a mis palabras. Porque éstos no están embriagados, como pensáis, pues es solamente la tercera hora del día. Más bien, esto es lo que fue dicho por medio del profeta Joel: Sucederá en los últimos días, dice Dios, que derramaré de mi Espíritu sobre toda carne. Vuestros hijos y vuestras hijas profetizarán, vuestros jóvenes verán visiones, y vuestros ancianos soñarán sueños. De cierto, sobre mis siervos y mis siervas en aquellos días derramaré de mi Espíritu, y profetizarán. Daré prodigios en el cielo arriba, y señales en la tierra abajo: sangre, fuego y vapor de humo. El sol se convertirá en tinieblas, y la luna en sangre, antes que venga el día del Señor, grande y glorioso. Y sucederá que todo aquel que invoque el nombre del Señor será salvo"* (Hechos 2:14-21). En este cuadro que nos presenta señales de las cosas que sucederán antes de que venga el Señor, se nos dice que *"los jóvenes soñarán"*. Podemos interpretar que los jóvenes tendrán revelaciones sobrenaturales, pero también podemos decir que tendrán visión del plan de Dios. Más aún, podemos decir que tendrán contacto con Dios. Esto tiene que ver con ser parte de la historia. Dios no ha dejado fuera a los jóvenes en su proyecto de historia. El Señor incluye a los jóvenes como parte de los protagonistas de la fe. Así que, esta es la demanda del Señor para la juventud: **¡Sé parte de la historia!**

" " El desafío: " "

Había un perro muy listo que se enorgullecía de decir que nada podía escapársele; estaba muy seguro de la habilidad y rapidez que poseía. Un día se topó con una liebre más veloz que él. Jamás pudo alcanzarla aunque hizo todo su esfuerzo. Cuando regresaba agotado y frustrado de su intento, sus compañeros se burlaban de su fracaso. Él se defendió con el siguiente argumento: "Hay que considerar que yo sólo lo hice por divertirme, en cambio la liebre estaba corriendo por su vida". Esto es cierto, las cosas que logramos son directamente proporcionales a la motivación que tenemos.

¿Por qué asistes a un templo? "¿Para divertirte o por un asunto de vida?". ¿Por qué asistes a la Unión de Jóvenes? ¿Por divertirte o por...? ¿Por qué cantas? ¿Por qué oras? ¿Por qué estudias? ¿Por qué estás aquí? Joven, la Biblia te demanda cinco cosas más: **Purifica tu vida, cumple tu visión, sé tú mismo, apoya sólo las causas del bien, sé parte de la historia.** Esto es un asunto de vida o de muerte, no juegues, acepta las demandas de la Palabra y cumple el plan de Dios.

Principios para el noviazgo cristiano

E l noviazgo es un elemento cultural de nuestra época. No encontramos una práctica así en las culturas de la antigüedad, y en la Biblia no aparece por ningún lado. La cultura del Antiguo Testamento, de cualquiera de los pueblos que se mencionan, y la del Nuevo Testamento, sugiere "el cortejo", pero no lo que conocemos actualmente como noviazgo. La gente se casaba cuando de acuerdo a las costumbres era tiempo. Los padres participaban en la elección, compra o negociación de las parejas. Sabemos de muchos casos en los que aún antes de nacer, los padres ya habían comprometido a sus hijos, confiando en que la diferencia de sexos lo haría posible. Es probable que en algunos casos, como parece ser el de Jacob con Raquel, los que finalmente llegaban a ser esposos se conocieran, se gustaban y se enamoraban; pero no hay ninguna señal de que hubieran sostenido alguna relación de noviazgo antes del matrimonio. El cortejo, que en algunas culturas se practica actualmente, es lo más cercano a lo que se practicaba en aquella época.

El cortejo es la oficialización ante los padres de la intención matrimonial, pero sin permitir ningún acercamiento físico previo al matrimonio. Existen grupos de cristianos muy estrictos que condenan lo que llamamos noviazgo y enseñan que "el cortejo" es la única manera santa de llegar al matrimonio de los cristianos.

Vayamos a la Biblia y encontremos algunos de los principios generales de la palabra para las relaciones humanas. Seguramente serán útiles y podremos aplicarlos a esa clase de relación interpersonal llamada noviazgo y de esa manera, los que aún tienen novia(o) o pueden tener novia(o) puedan vivir conforme a la voluntad de Dios.

Dicho de otra manera: En el tiempo bíblico no existía el noviazgo, así que no podemos encontrar **principios específicos** para tal relación interpersonal. Sin embargo, existen principios para las relaciones humanas en general que podemos perfectamente aplicar a esta nueva relación entre hombres y mujeres llamada noviazgo.

➤ **Principio de claridad o transparencia.** *Pero sea vuestro hablar, 'Sí', 'sí', y 'no', 'no'. Porque lo que va más allá de esto, procede del mal* (Mateo 5:37). Hay quienes tienen novia(o) sin saberlo, y hay quienes no tienen novia(o) y creen que sí. Las cosas entre seres humanos deben ser bien claras, no confusas ni ambiguas. Las relaciones humanas son tan vitales, importantes y significativas que no podemos darnos el lujo de pervertirlas con medias verdades o asuntos de indefinición. Al Señor le gustan las cosas claras, honestas y transparentes. Jóvenes, no se permitan la relajada, denigrante y dañina práctica de aquellos que se portan como novios(as) sin serlo. Este principio se aplica a toda relación, incluso a nuestra relación con Dios. Somos o no somos, no hay término medio. Este principio que se aplica al noviazgo es en realidad un principio de vida, tiene que ver con honestidad. Seamos lo que decimos ser, en el templo, en la casa, en las relaciones públicas y en las privadas en el hogar. **Vive tu noviazgo con claridad.**

➤ **Principio de edificación.** *Cada uno de nosotros agrade a su prójimo para el bien, con miras a la edificación* (Romanos 15:2). Toda relación debe edificarte; si no lo hace, no es de Dios. Toda experiencia dentro de la voluntad de Dios nos hace bien y no mal; nos bendice y no nos maldice. Las relaciones tormentosas que se dan en el noviazgo, o en el matrimonio, no tienen nada de romántico. El tiempo que pasaremos sobre la tierra es tan breve que no vale la pena gastárnoslo en cosas que nos lastiman. Las relaciones humanas, y especialmente las de los noviazgos, deben ser de mucha bendición. Si no es así, debemos hacer algo para arreglar el asunto. En ocasiones, el asunto puede ser terminar. Si después de involucrarte en un noviazgo tienes más problemas y te la pasas en lo que algunos llaman "la depre", deberías pensar seriamente en lo que algunos jóvenes llaman "cortar". Si tu noviazgo te ha hecho perder la escuela, sacar malas calificaciones, asistir menos a la iglesia, orar menos, no leer la Biblia, o perder amigos, deberías ponerlo a prueba; tal vez no es de Dios. Este principio también se aplica en otras áreas de la vida, pero en el matrimonio, la solución no es terminar con el matrimonio, sino terminar con el egoísmo, la soberbia, la necedad y la indisposición al cambio. Por esto, es tan importante que vivas un noviazgo sano antes de entrar a una relación tan seria y profunda como el matrimonio. **Vive tu noviazgo en edificación.**

➤ **Principio de integridad.** *Y el mismo Dios de paz os santifique por completo; que todo vuestro ser, tanto espíritu, como alma y cuerpo, sea guardado sin mancha en la venida de nuestro Señor Jesucristo* (1 Tesalonicenses 5:23). El ser humano tiene espíritu, alma y cuerpo; y las relaciones interpersonales significativas incluyen estas tres áreas, no solamente la superficie de la piel. Desgraciadamente en este mundo cada día se nos bombardea con un concepto de amor terriblemente superficial; y se enfatiza la piel. Ni siquiera se enfatiza la sexualidad como un todo, sino el sexo como un simple intercambio de fluidos que en vez de llevarnos a la plenitud, guía a los hombres y mujeres al deterioro de la personalidad y la distorsión del plan original de Dios. Las relaciones superficiales no son dignas del género humano; también los animales lo hacen así. Los seres humanos tenemos más que cuerpo: tenemos espíritu, alma y cuerpo. Todo nuestro ser debe involucrarse en nuestras relaciones.

Los noviazgos cristianos deben ser relaciones que incluyan todo el ser. Es decir, no sólo tiene que ver con contacto físico, sino con contacto de sentimientos, de emociones, de pensamientos, de conciencia, de razón, de voluntad. Es triste, pero hay parejas que llegan a casarse y todavía sin conocerse en cuanto a gustos, opiniones, emociones, deseos, creencias y fe. Entran al matrimonio con todas las agravantes y con muy pocas posibilidades de encontrar la plenitud y la felicidad. Debemos aprender a relacionarnos en forma integral. Los seres humanos somos más que una cara y un cuerpo. Ciertamente el "empaque", el aspecto físico de una persona es

Los novios son amigos que deben conocerse cada vez más y mejor.

muy importante. Es lo primero que llama la atención en algunas ocasiones, pero esa persona es mucho más que lo que vemos a simple vista. Además, eso que vemos con los ojos experimentará grandes cambios a través de la vida. Los noviazgos cristianos deben estar fundamentados en algo más que el físico.

Este principio se aplica en toda la vida, no sólo en las relaciones de noviazgo. Es importante vivirlo en el hogar, enseñarlo a los hijos desde pequeños y no perderlo de vista nunca. Es triste, pero hay ocasiones en las que algunos padres cometen el grave error de enfatizar los atributos físicos de sus hijos. De esta manera se devalúa lo que realmente es valioso en ellos. Muchos problemas y trastornos de la personalidad evitaríamos si consideráramos a cada persona en su integración total, y no sólo en parte. **Vive tu noviazgo integralmente.**

➤ Principio **de santidad.** *Antes bien, así como aquel que os ha llamado es santo, también sed santos vosotros en todo aspecto de vuestra manera de vivir, porque escrito está: Sed santos, porque yo soy santo (1 Pedro 1:15, 16). Porque esta es la voluntad de Dios, vuestra santificación: que os apartéis de inmoralidad sexual;…(1 Tesalonicenses 4:3). La santidad es importante y en una relación de noviazgo la santidad sexual es vital.* Es un hecho probado que toda relación de noviazgo que involucra el sexo tiende a fracasar. El fracaso se puede manifestar en forma inmediata o durante el matrimonio en el caso de que se llegue a él.

Una cosa sí podemos decir con toda claridad: Cuando se extralimita una relación, el sentimiento de culpa se manifiesta de inmediato. Ciertamente después de hacerlo muchas veces es probable que el corazón se cauterice y la culpa no se note, pero a cada quien Dios nos ha dado una conciencia para saber lo que es conveniente y lo que no lo es. No te dejes engañar, por muy común que llegue a ser, por mucha popularidad que tenga el asunto. Las relaciones sexuales fuera del matrimonio hacen tropezar el plan de Dios para tu vida. Si Dios nos dice que no lo hagamos, no es porque le moleste nuestro placer; más bien le preocupa nuestra realización real y nuestro proyecto de vida. Nos ama tanto que no desea que una mala decisión nos traiga dolor, sufrimiento y distorsión de nuestra identidad. Porque lo creas o no, las relaciones sexuales entre un hombre y una mujer son tan significativas, valiosas y trascendentes dentro del plan de Dios que, si no se realizan en el contexto de un pacto de amor llamado matrimonio, no son útiles para lo que fueron planeadas y pueden inhibir la capacidad de los seres humanos para establecer relaciones duraderas. Se gana muy poco y se pierde mucho.

Este principio se aplica a toda relación familiar y a toda nuestra vida. Recordemos que Dios es "santo, santo, santo", y pide de nosotros santidad. Al final encontrarás algunos principios que te ayudaran a poner límites para el ejercicio sabio de la santidad en el noviazgo. **Vive tu noviazgo en santidad.**

➤ **Principio de libertad.** *Todas las cosas me son lícitas, pero no todo me conviene. Todas las cosas me son lícitas, pero yo no me dejaré dominar por ninguna* (1 Corintios 6:12).

El noviazgo debe hacer mejores a las personas, más libres y felices. Si las esclaviza o les impide desarrollarse y crecer, no es de Dios. No fuimos creados para las cadenas; fuimos creados para ser libres. Las ataduras siempre son malas. Aquellas relaciones que incluyen celos enfermizos e impiden a las personas desarrollarse, tener amigos o amigas, no son convenientes. El matrimonio fue diseñado para liberarnos de la soledad, no para esclavizarnos; cuánto más el noviazgo debe ser una experiencia liberadora y no una que te esclavice. Es triste, pero hay jóvenes que antes de tener novia (o) eran muy activos, amistosos, divertidos; pero al tener una relación de noviazgo, pareciera que les cortaron las alas. Con sólo una mirada controlan sus posibilidades de platicar o no con otras personas. Si así es en el noviazgo, ¿cómo será en el matrimonio? Pobrecitos.

Las relaciones humanas sanas son liberadoras y no esclavizantes. No te permitas vivir relaciones llenas de celos y prohibiciones del uno al otro. En el noviazgo nadie es dueño de nadie. No están casados, y cualquier pretensión de ser propietarios de la vida de uno o de otro es una patología seria que debe tratarse.

Este principio se aplica a todas las relaciones humanas. Cuidado con aquellos que te quieren sólo para él (ella) y te absorben el tiempo. Cuidado que no te vayan a absorber también la paz y la vida misma. Sólo Dios tiene derecho total sobre nosotros y él mismo nos comparte, porque conoce los beneficios de las relaciones humanas. **Vive tu noviazgo en la libertad de Cristo.**

➤ Principio de proceso. *Sino que, siguiendo la verdad con amor, crezcamos en todo hacia aquel que es la cabeza: Cristo* (Efesios 4:15). El problema de muchos noviazgos es que nunca pasan por la etapa necesaria de la amistad, sino que se saltan del conocimiento superficial al noviazgo. Esto causa muchos problemas incluso en el matrimonio cuando se llegan a casar. Los novios son amigos que deben conocerse cada vez más y mejor.

Es un hecho que muchos jóvenes se hacen novios y en el camino de la relación descubren cosas que no se gustan el uno del otro y terminan causándose un dolor innecesario. Si se hubieran conocido suficientemente como amigos, seguramente no tendrían dichos problemas. Tal vez no hubieran llegado al noviazgo y no se hubieran herido, o se hubieran integrado mejor a pesar de las diferencias. El noviazgo es una amistad muy especial, una amistad tan seria que sólo se puede tener con una sola persona. Veamos: las relaciones humanas van de las muchas personas a las pocas, y de lo muy superficial a lo profundo y más íntimo. Es decir, conocemos a muchas personas superficialmente, y conforme conocemos a algunas de esas personas más profundamente, disminuye el número de las mismas. De tal manera que, mientras más profundas son las relaciones de amistad, menos son los amigos o amigas de esa clase.

De esta manera, el noviazgo es una de esas amistades que se profundizó hasta ser una relación exclusiva, única y muy profunda. Someter nuestras relaciones a este proceso nos ayuda a evitar sorpresas desagradables, y uniones de yugo desigual. Porque la amistad puede limitarse hasta donde existe compatibilidad, cosa que no puede prevenirse cuando no hay conocimiento mutuo. Este principio es útil en muchas otras áreas de la vida. No nos apresuremos nunca; demos tiempo al tiempo y nuestro tiempo será mejor. **Vive tu noviazgo en su momento oportuno (Ver gráfica).**

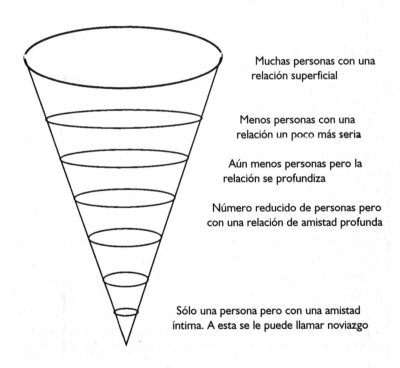

Muchas personas con una relación superficial

Menos personas con una relación un poco más seria

Aún menos personas pero la relación se profundiza

Número reducido de personas pero con una relación de amistad profunda

Sólo una persona pero con una amistad íntima. A esta se le puede llamar noviazgo

➤ **Principio** del amor. *Todas vuestras cosas sean hechas con amor* (1 Corintios 16:14). La pasión y el cariño son importantes en una relación de pareja, pero en el noviazgo, lo más importante es el amor verdadero. Entendamos por amor lo siguiente: la intención de hacer el bien a una persona y la práctica de satisfacer sus necesidades en forma sana y santa. La pasión está en el cuerpo, el cariño en el alma, el amor está en el espíritu del ser humano. Este principio se aplica a todas las relaciones de la familia. La pasión es santa dentro de los parámetros establecidos por el Señor, el cariño es indispensable y muy útil, pero es el amor lo que vale la pena y permanece para siempre. **Vive tu noviazgo con amor.**

➤ **Principio** del reino. *No os unáis en yugo desigual con los no creyentes. Porque ¿qué compañerismo tiene la rectitud con el desorden? ¿Qué comunión tiene la luz con las tinieblas?* (2 Corintios 6:14). La cosa es muy clara: una relación interpersonal no puede ser plena si no involucra las cosas del espíritu. Así que ¿cómo podría darse una relación de noviazgo sana entre personas que no son hijos del mismo Dios? Sería como unir a una vaca y un caballo. Sus costumbres y estilo de vida no son lo mismo. Sería un serio problema. O, como unir a un salmón con un águila; definitivamente no son compatibles. Si un cristiano es compatible con una inconversa, o una cristiana con un inconverso, es probable que la relación es sólo un asunto de sexo, pasión, gusto. Hasta puede ser que el cristiano no es en verdad un cristiano y se siente a gusto en el mundo.

Muchos jóvenes se enamoran de inconversos(as) y desean casarse en el templo. Yo hago todo lo posible para evitar que se unan en yugo desigual; les propongo estudiar y reflexionar sobre la fe y ponerse de acuerdo. Gracias a Dios, muy a menudo el inconverso se convierte, porque ¿quién puede resistirse al amor y la gracia de Dios? Pero, ¿no sería mejor vivir esto desde el principio? ¿Saben una cosa? También hay terribles ejemplos de trágicas experiencias por causa de un matrimonio mixto. Este principio se aplica a otras áreas de la vida. ¡Cuidado con los compromisos que adquirimos con los que no son hijos de la luz! **Vive tu noviazgo dentro del reino de Cristo.**

" Preguntas frecuentes sobre el noviazgo: *"*

■ 1. ¿A qué edad se debe o se puede tener novia? No existe una regla ni bíblica ni moral para establecer un precepto legalista; sin embargo, se deben considerar las siguientes cosas.

" **La opinión de tus padres.** En la Biblia no dice a que edad tener novio o novia, pero sí dice que obedezcas a tus padres.

" **La madurez para desarrollar relaciones responsables.** La libertad engendra responsabilidad. A mayor libertad, mayor responsabilidad, y viceversa. Si una persona no es capaz de manejar adecuadamente su escuela, sus amistades, su cuarto, su limpieza personal, sus hábitos etc., no es apta para una relación de noviazgo. Hay adolescentes a los que no les gusta bañarse y tienen problemas con sus padres por ello. ¿Cómo podrían tener un noviazgo? Si no cumples con tus tareas, ¿cómo podrías cumplir con un pacto tan serio de amistad como el noviazgo? Si no haces tareas, te pueden reprobar, pero romper un corazón o que te rompan el tuyo es caso serio.

" **La cultura propia.** Es diferente en cada cultura y de acuerdo con los principios anteriores, debemos considerar la opinión de la sociedad en la que vivimos, no en cuanto a sus valores mundanos, pero sí en cuanto a la apreciación particular de la moral.

" **Proyecto de vida.** Aquellos que están en la etapa del estudio y la formación deberían considerar seriamente esperar varios años antes de iniciar una relación de noviazgo.

■ 2. ¿Hasta dónde se puede llegar con las caricias en el noviazgo? La respuesta se encuentra en la aplicación de los principios que se han mencionado en este estudio. Sin embargo, para ser más prácticos, he aquí algunas ideas.

// **Hasta el punto de experimentar sana satisfacción.** Las caricias inadecuadas en el noviazgo te hacen quedarte con ganas de más; es decir, no te satisfacen. Sólo te excitan y te causan una pasión que en ocasiones no puedes controlar. El problema más serio es cuando, como la droga, te piden cada día más, y terminas haciendo cosas que sabes que están mal. Una caricia sana te satisface y te hace sentir bien; no te causa sentimientos de culpa ni te impide dormir tranquilo.

// **Hasta el punto de no causar mal testimonio.** No sólo debemos considerar lo que está mal moralmente; también debemos considerar lo que se ve mal. No es malo tomarse de la mano y besarse, según algunos de nosotros, pero sí sería bueno que los que son novios no parezcan sanguijuelas todo el tiempo y den espectáculos que incluso apenan a los que los rodean. Cabe decir aquí que es conveniente que los novios en el templo no se porten como tales. No es un buen lugar para estar abrazados, ni encimados el uno en el otro. Tampoco creo que sea adecuado que se den manifestaciones de mucho apapacho delante de sus padres; si no lo crees, puedes preguntarles a ellos. Los esposos cristianos tienen relaciones sexuales, y hemos de suponer que se acarician y conviven en una forma sana de acuerdo al plan de Dios para la pareja. Nada de eso está mal, pero no lo hacen en público. Los novios deberían aprender de esta actitud y no parecer desesperados en sus manifestaciones públicas. Si en público se portan así, hemos de suponer que en privado se extralimitan. Porque si no pueden controlarse ni por la opinión de los demás, no lo harán en secreto.

3. **¿De verdad hay una persona que Dios creó para mí?** Podemos decir que sí en el sentido del encuentro con la voluntad de Dios. Es decir, cuando coincidimos en la voluntad de Dios e integramos nuestros proyectos de vida, podemos decir que estamos hechos el uno para el otro. Pero decir que hay una persona y sólo una que me corresponde es creer en el destino, es decir, es creer en una historia intransigente, invariable, que limita nuestro "libre albedrío". Imaginemos lo siguiente: Dios creó

Una caricia sana... te hace sentir bien; no te causa sentimientos de culpa...

una mujer para Eustaquio, pero la susodicha, cuando Eustaquio se le declara, le dice que no, porque ella es medio mundana y prefiere a otro. No le da la gana hacer la voluntad de Dios, sabemos que Dios no obliga a nadie a hacer su voluntad. Sabemos que Dios da a todos la opción de obedecer o no sus designios. Así que, ¿tenemos que decir que Eustaquio está condenado a ser infeliz, porque la que Dios creó para él no quiso hace la voluntad de Dios? ¿No hay esperanzas para este pobre que se llama horrible? ¿No habrá otra oportunidad para este joven? Yo creo que sí. Así que no te claves en la idea de que hay una sola mujer, para ti que eres varón, o un solo joven, para ti que eres señorita, y que no hay nadie más. La verdad es que Dios quiere que ejerzas tu voluntad y que escojas bien, pero si lo pones a él, al Señor, en primer lugar, aquel o aquella que escojas, según el caso, puede llegar a ser la persona ideal, la persona que Dios preparó para ti.

" " El desafío: " "

El cristianismo no es sólo una religión que tenga que ver con ritos y doctrinas. La fe cristiana es un estilo de vida que se aplica a todas nuestras relaciones. Podemos medir nuestro compromiso de fe, nuestra relación con Jesús, en nuestra manera de comportarnos en las diferentes áreas de la vida. No se trata sólo de asistir a los cultos o de tener una herencia evangélica; se trata de ser cristianos cada día y vivir como tales en todo lo que hacemos. Cristo no está fuera de nuestro noviazgo. Si somos cristianos, Jesús nuestro Señor dirige nuestra vida en todas las áreas de la misma. La Biblia no dice cómo deben ser los noviazgos pero sí dice cómo deben ser todas las relaciones interpersonales, así que podemos aplicar estos principios perfectamente. Hay una clave en todo esto: La mayoría de las cosas que he explicado, la mayoría de ustedes ya las sabían. Creo que el problema de las malas decisiones no es la ignorancia, sino la disposición o falta de ella para la obediencia. Así que la pregunta importante es esta: ¿Estas dispuesto a hacer la voluntad de Dios? No se trata de espantar a nadie, pero, como pastor, doy testimonio de lo difícil que es andar queriendo arreglarles la vida a los matrimonios que no supieron vivir adecuadamente su noviazgo. Algunos que eran los "mejores partidos", hombres o mujeres, resultaron ser los peores esposos o esposas. Lo que está en juego no es sólo la experiencia de ser o no ser popular; lo que está en juego es mucho más que un rato de placer humano. Lo que está en juego es la vida entera, la plenitud o la infelicidad. Ten cuidado, muchos "patos feos" terminaron siendo cisnes, y mucho patos populares nunca salieron del pantano.

Recuerda lo que dijo el Señor:

Sobre toda cosa guardada, guarda tu corazón;
porque de él emana la vida (Proverbios 4:23).

1 Timoteo 4:12; 5:2; Tito 2:6-8
2 Timoteo 2:22

Código de ética paulino para el joven cristiano

os médicos, los abogados, los políticos y otros profesionistas tienen sus respectivos códigos de ética. Se trata de preceptos básicos para ejercer la profesión. Se trata de los "nuncas" y los "siempres" de la vida. Independientemente de la profesión que estás estudiando o planeando estudiar, es bueno plantearnos un código de ética para el joven cristiano. En las cartas de Pablo existen algunas cosas dirigidas especialmente a los jóvenes. Vayamos a ellas y tratemos de encontrar los principios básicos para vivir en este mundo pecador.

➤ **Ten cuidado** de ti mismo: Identidad sana. *Nadie tenga en poco tu juventud; pero sé ejemplo para los creyentes en palabra, en conducta, en amor, en fe y en pureza* (1 Timoteo 4:12). Identidad es una necesidad básica de todo ser humano. Es importante responder adecuadamente a las preguntas: ¿Quién soy y qué hago aquí? Más adelante, Pablo le dice a Timoteo: *Ten cuidado de ti mismo y de la doctrina; persiste en ello, pues haciendo esto te salvarás a ti mismo y a los que te escuchan* (1 Timoteo 4:16). No es sano vivir con una identidad distorsionada. Muy a menudo, especialmente cuando se es joven, se tiene un concepto inadecuado de uno mismo. Hay quienes se sienten demasiado y hay quienes se sienten demasiado poco. Pablo exhorta a Timoteo a hacer lo necesario para que por su juventud no sea menospreciado. Tal vez Timoteo pudo contestarle a Pablo: "¿Por qué no se lo dices a ellos? Ellos son los que me desprecian". La verdad es que si alguien te menosprecia, tal vez está reflejando tu propia opinión. Si alguien tiene una identidad sana, los demás lo notan y pronto reconocerán su valor; y si no lo hacen no hay problema. El problema es cuando estamos de acuerdo con los que nos menosprecian y sufrimos por lo que opinan de nosotros.

Algunas personas se inventan una personalidad, tal vez pensando en lo que sus papás dicen de ellos, o se basan en lo que en realidad quisieran llegar a ser, o tal vez de acuerdo a lo que ven en otras personas. De cualquier modo, esa no es su verdadera personalidad. La demanda de Pablo a Timoteo es la de valorarse adecuadamente y manifestar su identidad en su comportamiento. Quien tiene una identidad enferma se porta mal. ¿Cómo habría de ser sano quien tiene enfermo el corazón? Es importantísimo tener una definición correcta de uno mismo para vivir adecuadamente. Uno que sabe perfectamente quién es, no necesita fingir, ni envidiar, ni mentir, ni pelear, ni tratar de llamar la atención con su mal comportamiento. Sencillamente vive la fe cristiana conforme al plan de Dios para su vida. En cambio, quien se ha creado una identidad inadecuada, quien se menosprecia a sí mismo, regularmente se tiene que ocultar detrás de diferentes máscaras. **El joven de hoy necesita, como Timoteo, valorarse a sí mismo, estar conforme con lo que Dios le ha dado y estar dispuesto a enfrentar la vida con sus posibilidades y limitaciones.**

➤ **Ten cuidado** de tu estilo de vida: Prudencia. *Exhorta asimismo a los jóvenes a que sean prudentes, mostrándote en todo como ejemplo de buenas obras. Demuestra en tu enseñanza integridad, seriedad y palabra sana e irreprensible, para que el que se nos oponga se avergüence, no teniendo nada malo que decir de ninguno de nosotros* (1 Tito 2:6-8). El mundo está envolviendo a muchos jóvenes en la filosofía inmoral que la globalización del momento nos presenta. Algunos acusan a los santos de tontos y a los necios inmorales de sagaces.

Muchos, incluso de los que asisten a los templos, creen que se puede vivir al margen de los preceptos divinos y ser felices. Algunos, en el colmo de la insensatez y la ignorancia, admiran a quienes se atreven a portarse mal y menosprecian a quienes viven con sabiduría la voluntad de Dios. La prudencia que recomienda Pablo a Tito para los jóvenes, es **la capacidad de mantener la vida a salvo.** La mayoría de los jóvenes son temerarios, no miden el peligro. Más bien disfrutan el peligro y no reparan en las consecuencias. La imprudencia es la insensatez de jugar con lo más valioso que tenemos: la vida. No sólo se trata de jugar con la vida cuando se pone en riesgo de muerte física, sino cuando se arriesga el futuro por causa de un embarazo no deseado, por ejemplo; o cuando se destruye la reputación, o cuando se quebranta la confianza de los padres, o cuando se pierde la oportunidad de tener una carrera por negligencia, o cuando se destruyen relaciones valiosas, o cuando se pierde un buen amigo, o cuando se deja de cumplir con la misión de vida por desobediencia. **Joven, sé prudente. Lo que está en juego no es cualquier cosa, es tu vida.** No te ocultes tras la falsa careta del que dice "no pasa nada"; recuerda que así pensaron todos los fracasados que han existido antes que tú.

> ➤ Ten cuidado de tus relaciones humanas. *...a las ancianas, como a madres; a las jóvenes, como a hermanas, con toda pureza* (1 Timoteo 5:2). Sin duda que las relaciones humanas son una de las formas más claras de mostrar la fe cristiana. Pablo sabía lo importante que es para los jóvenes cuidar la pureza de sus relaciones interpersonales. El mundo de hoy nos presenta una sarta de mentiras respecto a las relaciones entre jóvenes. El homosexualismo, las relaciones fuera del matrimonio, la pornografía y toda la gran variedad de perversiones sexuales

> *La imprudencia es la insensatez de jugar con lo más valioso que tenemos: la vida.*

son vistas como alternativas para ser feliz, cuando en realidad, son herramientas del diablo para destruirte. La pureza no es sinónimo de cobardía; la impureza siempre se da en aquel que además de necio es alguien con poco valor para decir "no" a lo que lo puede destruir. Los seres humanos nacemos de una relación, crecemos en virtud de las relaciones humanas que experimentamos, maduramos en tanto que aprendemos a relacionarnos y experimentamos las más grandes bendiciones en medio de relaciones interpersonales. De hecho, nuestras más grandes tragedias son las relaciones quebrantadas. Por lo tanto, y si las relaciones humanas son de lo más importante para nosotros, ¿por qué no cuidar la pureza de nuestro tesoro? Hay algo de placer malsano en la impureza que atrae a muchos. Esto es una clara señal del control que tiene el mal sobre el mundo de hoy. Recuerda: La vida cristiana es salir del "anti-reino" y ser ciudadano del reino de los cielos que está en la tierra. Cuida tus relaciones humanas y no dejes que se contaminen con la mancha de muerte del pecado que todo lo destruye.

No te engañes: Las relaciones sexuales fuera del matrimonio no sólo ofenden a Dios, también deterioran tu vida y te restan capacidad para realizarte y ser feliz. No te pierdas, las relaciones interpersonales que se contaminan con la impureza hieren corazones y nos dejan marcados. **Vive la vida en plenitud, disfrutando de las relaciones humanas en la pureza de la fe.**

➤ **Ten cuidado** de tu relación con Dios y su iglesia. *Huye, pues, de las pasiones juveniles y sigue la justicia, la fe, el amor y la paz con los que de corazón puro invocan al Señor* (2 Timoteo 2:22). Una definición básica de las pasiones juveniles es ésta: *todo aquello que puede tomar el control de tu vida y hacerte vivir en contra de tus valores fundamentales.* También podemos decir que se trata de modas que te invitan a uniformarte con los demás para no ser tachado de raro. Podemos hablar de vicios y tentaciones muy fuertes para los jóvenes. De cualquier manera, la exhortación de Pablo es a huir de ellas. Por otro lado, Santiago 1:12 dice: *Bienaventurado el hombre que persevera bajo la prueba; porque, cuando haya sido* *probado, recibirá la corona de vida que Dios ha prometido a los que le aman.* Sin embargo, hay algunas tentaciones que no debemos enfrentar; hay tentaciones —y creo que las pasiones juveniles son de esas— que no debemos buscar sino huir de ellas. "Es mejor que digan aquí corrió, que aquí pecó".

Ahora bien ¿cómo podemos huir de estas cosas? La respuesta es doble:

a) **Manténte en íntima comunión con Dios.** Nadie puede vencer en la vida si no se hace acompañar de alguien poderoso. La vida devocional intensa es indispensable para vencer como joven.

b) **Manténte en sana comunión con el pueblo de Dios.** La fe cristiana se vive en la fuerza y hermosura de la fraternidad. Decía Juan Wesley: "Un hombre debe tener amigos o hacerse de ellos, porque nadie fue nunca solo al cielo". No puedes vencer en las fuertes luchas de la juventud sin una fuerte comunión con otros jóvenes y adultos que aman al Señor como tú.

Manténte en contacto con Dios y su pueblo, y vive la fe a plenitud.

" " El desafío: " "

Se trata de un desafío breve: **ten cuidado de ti mismo, ten cuidado de tu estilo de vida, ten cuidado de tus relaciones humanas, ten cuidado de tu relación con Dios y su pueblo.** Cuatro reglas fundamentales para vivir. No se trata de preceptos religiosos legalistas, sino de principios que se aplican en cualquier circunstancia. No se trata de caprichos de un dios que no tiene nada que hacer, sino de amorosas enseñanzas de un Dios que desea lo mejor para nosotros. Finalmente: si no he sido suficientemente claro y práctico, permíteme presentarte lo que yo llamo **Los 10 puntos críticos de la juventud.**

■ **1.** Tu valor no está en tu aspecto físico, ni en tus circunstancias económicas, ni en la clase de escuela a la que vas, ni en la clase de familia que tienes, ni en la marca de ropa que usas, ni en el tonito que imprimas a tu forma de hablar. Tú vales por la clase de Dios que te dio la vida. **Él te creó con un propósito y en eso radica tu extraordinario valor.**

Cuando alguien te diga que eres un tonto, muéstrale tu acta de nacimiento; ahí dice que tus padres presentaron ante el registro civil a **"un niño *vivo*"** y se trata de ti —¡je je!— claro que se refiere a que no estabas muerto, pero si me sigues la corriente, también puede significar que no eres tonto.

■ **2.** Tú eres tú; no inventes otra cosa. Una identidad tomada de un modelo falso, distorsionada o inventada, como dicen ustedes los jóvenes, ¡apesta!

■ **3.** El mundo está lleno de viejos fracasados que de jóvenes parecían tener mucho éxito con el sexo opuesto y con otras cosas. Tú puedes ser uno de los llamados "patos feos" que se convierten en "cisnes".

■ **4.** Los que se ahogan en el mar por temerarios no eran valientes; eran tontos inconscientes. En la vida sólo sobreviven los prudentes que se atreven con verdadero valor a soportar las críticas de los imprudentes.

■ **5.** Si tu novio(a) te pide una prueba de amor, refiriéndose a tener relaciones sexuales, te está dando una prueba de que no te ama; apártate y busca alguien que de verdad te ame.

■ **6.** Un noviazgo que incluye sexo a su relación está destinado a fracasar, aun cuando por casualidad llegara al matrimonio.

■ **7.** No importa si oras con sinceridad o si dices tener mucho amor, las relaciones fuera del matrimonio y las relaciones entre personas del mismo sexo son abominación a Dios. (Romanos 1:26, 27; 1 Corintios 6:18-20).

8. Tu vida es demasiado valiosa como para desperdiciarla o echarla a perder por falta de cuidado.

9. Con Dios no se juega; o eres de él por completo o estás contra él (Mateo 12:30).

10. El poder más grande que puedes tener es el de poner bajo el control de Dios voluntariamente tu propia vida. (Proverbios 16:32).

El problema más grave de un joven es su incapacidad para ver a ciencia cierta las consecuencias de sus decisiones. En esto radica la fe y la sabiduría cristiana, en que no hace falta comprobar en carne propia los resultados de una mala decisión.

Tenemos dos parámetros para decidir correctamente: Primero, el ejemplo de quienes nos han precedido; segundo, la categórica y autorizada Palabra de Dios. Si esto no te basta, te auguro grandes desgracias en la vida. Si te es suficiente y te llevan a decidir vivir sometido al código de la fe de un joven cristiano, te veré en el cielo y juntos celebraremos grandes triunfos en el Señor. Pido a Dios que te guarde y te dé sabiduría para hacer su voluntad y la capacidad para triunfar en la vida alcanzando las metas para las que te dio la existencia.

1 Timoteo 4:1-16

Los valores del líder

L íder es una persona con una visión y un proyecto de vida. Es un ser humano con la tarea de influir en otros para unirse en una misión comunitaria. Es un seguidor de Jesucristo que ayuda a otros a encontrar un propósito de vida y les organiza, les anima y les ayuda a lograrlo. El apóstol Pablo escribe a un joven pastor y le manifiesta algunos de los valores que hacen la diferencia entre un líder que cumple con la misión que Dios le da, y un caudillo que realiza tareas protagónicas egocéntricas. Joven, tú que eres líder, tú que sabes que Dios te está llamando para serlo, reflexiona conmigo brevemente sobre veinte valores del liderazgo juvenil.

➤ **El valor** de la gracia. *Pero el Espíritu dice claramente que en los últimos tiempos algunos se apartarán de la fe, prestando atención a espíritus engañosos y a doctrinas de demonios. Con hipocresía hablarán mentira, teniendo cauterizada la conciencia. Prohibirán casarse, y mandarán abstenerse de los alimentos que Dios creó para que, con acción de gracias, participasen de ellos los que creen y han conocido la verdad. Porque todo lo que Dios ha creado es bueno, y no hay que rechazar nada cuando es recibido con acción de gracias; pues es santificado por medio de la palabra de Dios y la oración* (vv. 1-5). El legalismo es útil para quien quiere ser cacique o tirano, pero quien quiere ser líder cristiano ha de conocer y enseñar la gracia divina. No se trata de ser un líder de "manga ancha", sino de ser un líder que pone mayor atención a lo que podemos y debemos hacer, que a lo que no podemos hacer. En la época de Timoteo existían pseudolíderes que se dedicaban a exaltar su supuesta santidad estableciendo prohibiciones. Pensaban que por ser tan estrictos agradaban a Dios. Pablo recomienda a Timoteo un estilo diferente de liderar, un estilo basado en la gracia que santifica, en la acción de gracias a un Dios que provee de las posibilidades para actuar. Si nosotros, los cristianos de todos los países de habla hispana, usáramos el tiempo que perdemos en discutir sobre gustos personales de música, o estrategias nuevas o viejas de ministerios, en hacer discípulos, estaríamos creciendo como los primeros cristianos de la historia.

Si en vez de pelear por aplaudir o no, usáramos nuestras capacidades en la obra misionera y la proclamación, nuestros países serían cristianos por completo.

➤ **El valor** de la sana doctrina. *Si expones estas cosas a los hermanos, serás buen ministro de Jesucristo, nutrido de las palabras de la fe y de la buena doctrina, la cual has seguido* (v. 6). Hay quien dice que el camino más breve para hacerse famoso y conseguir seguidores es convertirse en hereje. Llama mucho la atención una verdad exagerada y hay gente buscando con ansias alguna idea extravagante para seguirla. No tienen el valor para hacerlo por sí solos, pero seguirán al que se atreva. En la época de Timoteo había ideas heréticas rondando en el ambiente de los cristianos, y Pablo quiere advertir a su discípulo al respecto. El día de hoy existe una fascinación por los números, las grandes multitudes, las reuniones masivas, las supercongregaciones. Muchos pseudolíderes sueñan con tener reunidas a muchas personas, no está claro para qué, pero sí está claro que deben ser muchas. No hay problema con el crecimiento de la iglesia, pero debemos tener cuidado de no comprometer la verdad de Dios en el intento. Muchos "líderes" evangélicos están buscando lo que llaman "nuevas experiencias"; están incurriendo en prácticas extrabíblicas con tal de conseguir metas numéricas, sin importarles el alto costo de dicha estrategia en cuanto a sanidad doctrinal se refiere.

Pablo nos propone un liderazgo sano doctrinalmente. Un liderazgo sano es un liderazgo con identidad.

➤ **El valor de la actualización.** *Desecha las fábulas profanas y de viejas y ejercítate para la piedad. Porque el ejercicio físico para poco aprovecha; pero la piedad para todo aprovecha, pues tiene promesa para la vida presente y para la venidera* (vv. 7, 8). Decía el hermano Alejandro Treviño que todo pastor debía traer consigo tres cosas: su Biblia, su himnario y su periódico. Hablaba de la cultura social del líder cristiano. Es necesaria la actualización del líder que quiere realizar una tarea que valga la pena. Los tiempos modernos exigen un paso veloz en el crecimiento cultural del siervo de Dios. Los avances en comunicación, las nuevas formas de pensar, el mismo lenguaje que evoluciona cada día, nuevos descubrimientos, tecnología y otras muchas cosas de esta acelerada forma de vida moderna nos exigen una constante actualización.

El líder que deja de aprender, deja de servir. El líder que se estanca y no crece, se vuelve obsoleto; y su verdad se convierte en un artículo de museo, a pesar de ser cierta.

Las fábulas profanas de las que Pablo pide a Timoteo que se cuide, para nosotros significan, en resumen, toda esa gama de información, teorías, ideas, argumentos y filosofías que algunos pretenden elevar al grado de verdades. Debemos saber de ellas, pero no perdamos el tiempo en ocuparnos demasiado en lo que no aprovecha. Conociendo billetes verdaderos, se conocen los falsos y no al revés.

Un detalle importante es lo que dice el apóstol Pablo sobre el deporte o el ejercicio corporal: No dice que es malo, tampoco dice que no es provechoso; lo que dice es que es más provechoso el ejercicio espiritual que los aeróbicos o las pesas. Debemos estar físicamente sanos; es útil practicar algún deporte. Pero la salud espiritual, la actualización cultural, la reflexión teológica bíblica es indispensable. La razón es muy sencilla: la trascendencia de esta clase de ejercicio va más allá de la existencia física.

➤ **El valor de la paciencia.** *Fiel es esta palabra y digna de toda aceptación. Porque para esto mismo trabajamos arduamente y luchamos, pues esperamos en el Dios viviente, quien es el Salvador de todos los hombres, especialmente de los que creen* (vv. 9, 10). A nadie le quedaba duda, dice Pablo, que en el trabajo del Señor se sufre. Un líder debe saber esto o ha de enterarse tarde o temprano en una forma desventajosa. Aquel que observa a otro trabajar no necesariamente sufre; de hecho, ni se cansa. Puede incluso evaluar, criticar y dar sus opiniones. Pero aquel que trabaja como líder tiene necesariamente oposición y crítica, problemas que resolver. He aquí la prueba máxima del liderazgo: la capacidad de soportar las aflicciones. Si no quieres sufrir, no te metas de líder. Si te metes a la tarea de líder, necesitas dotarte de una gran capacidad de paciencia para soportar, y una gran convicción para sobreponerte a toda crítica y problemática. Moisés, Josué, David, Samuel, Nehemías, Esdras son ejemplos de ello.

Una confianza firme en Dios necesita un líder. Quien no tiene este valor, este tesoro tatuado en su carácter, no tiene las agallas para ser un líder el día de hoy. *La grandeza de un líder se mide en la cantidad de oposición que hace falta para hacerlo desistir.*

➤ **El valor de la influencia.** *Estas cosas manda y enseña* (v. 11). Uno que sólo manda es un tirano. Uno que sólo enseña es un maestro. Uno que manda basado en la enseñanza es uno que influye en otros, y uno que influye en otros para conseguir algo juntos es un líder. Definitivamente, un líder tiene autoridad sobre otros, pero esa autoridad está basada en la enseñanza. Moisés enseñó al pueblo a conocer a Dios y sus mandamientos (Malaquías 4:4). Josué enseñó y desafió al pueblo a seguir a Dios con decisión (Josué 24:15). David incluso fue usado por Dios para revelar muchas cosas a su pueblo, no sólo por medio de los salmos, sino por medio de sus acciones. Ni qué hablar de Nehemías y otros grandes líderes. Para ser un líder hay que tener una visión, un llamado, una convicción de que Dios está trabajando en un proyecto determinado y que nos quiere allí como colaboradores. Pero eso lo sabe el líder primeramente. Luego hace algo para que otros se involucren entonces, y es allí donde la influencia entra en acción. Nadie obedece a otro voluntaria y comprometidamente si no entiende el porqué.

➤ **El valor de una visión con misión.** *Nadie tenga en poco tu juventud;...* (v. 12). El valor de la conciencia y sentido de utilidad de su propia vida. Nadie puede realizar una misión en la vida si no entiende y acepta su propia vida como instrumento valioso de Dios. Para ello hace falta tener una visión en la vida, un llamamiento a un servicio determinado. El cacique consigue gente que se le una y la manipula para lograr sus propósitos protagonistas y egoístas. El líder ve a Dios hacer su voluntad y se involucra en el trabajo de Dios por invitación del mismo Dios. Esto es tener una visión, estar seguro de un llamado divino a unirse a algo que Dios ya está haciendo. Un pastor como Timoteo debía valorar su persona de manera congruente, que lograra que otros no la devaluaran. El problema de muchos radica en una falsa humildad y en un malentendido desprecio de sí mismos. No tiene nada de malo saber que Dios te quiere usar y que te quiere usar mucho. Para que ninguna persona te menosprecie, necesitas valorarte y tener conciencia de quién eres y qué quiere Dios hacer contigo.

➤ **El valor del testimonio personal.** *...pero sé ejemplo para los creyentes en...* (v. 12). El instrumento de Dios para realizar sus planes en este mundo es "una vida transformada", un testimonio viviente de su gracia, un ejemplo de los efectos de la fe, una influencia o levadura que leude a otras vidas. El testimonio personal, la vivencia y el ejemplo de una persona aplicando lo que cree y enseña es fundamental e indispensable. El líder no es el que dice "vayan", sino el que dice "vamos". El Señor Jesús jamás mandó hacer algo a sus discípulos que él no hubiera hecho antes. Ningún sermón, estudio bíblico, libro o conferencia influyen tanto en una persona para orar con devoción, como el ver a su líder orando de rodillas.

➤ **El valor de la comunicación.** *...palabra,...* (v. 12). Un líder, guiado por Dios, comunica poderosamente su visión, su verdad, su propósito. Se dice que la predicación es: "La comunicación de la verdad divina por un hombre a los hombres con el fin de persuadir". Un líder definitivamente predica persuasivamente. Nehemías comparte su visión con palabra de Dios y anima al pueblo; lo convence y lo persuade para hacer la voluntad divina (Nehemías 2:17-18).

➤ **El valor** de la ética. *…en conducta,…* (v. 12). Nada habla más y convence más a una comunidad que el comportamiento de su líder. Si hay crisis de liderazgo el día de hoy, se debe a la crisis de ética que nos aqueja. La intriga, el chisme, la mentira, la palabra anónima son armas de los tiranos y los caciques. El líder se mueve en la dimensión de la honestidad. El día de hoy, la crisis de ética no sólo se manifiesta en la deshonestidad de algunos, sino en el silencio de otros. Querido joven, para que la ética cristiana que nos mostró el Señor Jesús en su palabra se manifieste y agigante entre nosotros, no sólo debemos procurar una conducta intachable, sino indignarnos y reprobar otra clase de comportamiento.

➤ **El valor** de la entrega de vida. *…en amor,…* (v. 12). Un líder entrega su ser a la visión que le mueve, o nadie le seguirá. Nadie apostó más que Moisés en la aventura de libertad de Egipto, nadie dio más que Gedeón en la batalla contra los madianitas, nadie ofreció más que nuestro Líder y Señor en la cruz del Calvario. Querido joven, debemos poner "toda la carne en el fuego" en pos de nuestra visión o nos olvidamos de lograrla. Amor es sacrificio, amor es entrega, amor es darlo todo y ser líder, es ser un ejemplo vivo del amor por una misión.

➤ **El valor** de la motivación. *…en espíritu,…* (v. 12). Las grandes empresas se persiguen por una gran motivación, una fuerza más allá de las limitaciones humanas. Un líder cristiano es motivado por un espíritu o motivación sobrenatural que contagia a otros.

La motivación es esa fuerza interior que se sobrepone a cualquier obstáculo y elimina todo desánimo. Es indispensable para el líder y necesaria para los seguidores. Pero es el líder quien debe proveerla.

➤ **El valor** de la convicción. *…en fe…* (v. 12). Nadie logra más de lo que cree. La convicción es la fe del que ve más allá de la realidad material. El líder debe ver la mano de Dios en donde otros ven gigantes. El líder es aquel que puede decir "Dios proveerá" en medio de la adversidad más atroz. En el liderazgo o crees o crees. Aferrarse de las convicciones es la fortaleza y ancla del líder que confía en Dios.

> **El valor de la santidad.** ...*y en pureza* (v. 12). De los atributos de Dios, sólo la santidad se dice por triplicado. En ningún lado de la Biblia dice que Dios es amor, amor, amor, o fiel, fiel, fiel, pero sí dice muchas veces que él es santo, santo, santo.

Nadie logra más de lo que cree.

Algunas de las ocasiones en las que Dios más nos sorprende por su proceder son aquellas en las que exalta su santidad. Ejemplos: Cuando Uza muere al tratar de detener el Arca (2 Samuel 6:6, 7); cuando a Moisés, Dios le impide entrar a la Tierra Prometida (Deuteronomio 3:24-27); cuando los hijos de Coré son condenados a muerte (Números 16:31-35). Nos sorprende que Dios actúe con tal ira, pero debería sorprendernos que no actúe de esa manera todo el tiempo. Está claro que hay cosas con las que Dios no está dispuesto a negociar: la santidad es una de esas cosas. El problema de muchos radica en identificar como santidad exclusivamente el abstenernos en nuestra vida de ciertas acciones pecaminosas: como adulterar, matar y robar. Pero la santidad también incluye los pensamientos, las emociones, las motivaciones y las omisiones (Mateo 5:22-31).

> **El valor del desarrollo.** *Entre tanto que voy, ocúpate en la lectura,...* (v. 13). El que se estanca se atora, y el que se atora se muere. El líder cristiano siempre se mantiene en crecimiento y maduración. El líder procura su crecimiento a través de las herramientas normales del Espíritu Santo. La lectura debe ser el hábito persistente de un líder. "Si tienes dos denarios, con uno compra pan y con el otro, zafiros para tu alma", dice un proverbio oriental. Uno puede ir a un seminario, estar presente en un taller, asistir a un estudio bíblico semanal; pero, mientras se está solo, la lectura es la estrategia a seguir.

> **El valor del altruismo.** *...en la exhortación...* (v. 13). El líder no realiza una tarea egoísta (hacia sí mismo), sino una tarea al-

truista (a favor de los demás). La palabra que se traduce como "exhortación" es una palabra cuya raíz es la misma que el nombre que se le da al Espíritu Santo, "paracleto". Alguien que practica la exhortación es alguien que se pone al lado de otro para ayudarle. Un líder cristiano no trabaja para establecer su reino, sino para establecer el reino de Cristo en los corazones de otros seres humanos. No busca su bien, sino el de los demás.

➤ **El valor de la transferencia de vida.** *...y en la enseñanza* (v. 13). El líder cristiano se reproduce en otros comunicando su experiencia con Dios. Un líder definitivamente hace discípulos. No sólo enseña las verdades del evangelio de Cristo, forma a Cristo en las personas que dirige. Decía Pablo: *"Hijitos míos, por quienes vuelvo a sufrir dolores de parto hasta que Cristo sea formado en vosotros"* (Gálatas 4:19).

➤ **El valor eclesiástico.** *No descuides el don que está en ti, que te ha sido dado por medio de profecía, con la imposición de las manos del concilio de ancianos* (v. 14). El líder cristiano trabaja en coordinación con la agencia del reino, que es la iglesia y no independiente de ella.

El problema que se da de muchos "lidercillos" que surgen es que, no queriendo someterse a la autoridad eclesiástica, se dividen, se aíslan y pretenden establecer su "feudo" independiente. Si alguien no sabe someterse, ¿cómo enseñará la sumisión a Dios?

➤ **El valor del trabajo.** *Dedícate a estas cosas; ocúpate en ellas, para que tu progreso sea manifiesto a todos* (v. 15). No hay substituto para el trabajo. El líder trabaja. No se trata de mandar y esperar resultados, se trata de trabajar y sacar resultados. El líder no espera que sucedan las cosas; hace que las cosas sucedan. Un líder es ciertamente un multifacético y multiusos siervo de Dios. Si quieres ser líder cristiano, tienes que trabajar.

➤ **El valor de la precaución.** *Ten cuidado de ti mismo y de la doctrina; persiste en ello,...* (v. 16). El trabajo del líder no es un asunto que se pueda tomar a la ligera. Es mejor no entrarle que entrarle a medias. El líder no se "duerme en sus laureles". El líder se mantiene despierto y cuidando los peligros. No se trata de no confiar en Dios, se trata de descansar en Dios, pero desconfiar hasta de uno mismo. Un líder sabe de sus luchas internas, no pierde de vista la Palabra, y reconoce la trascendencia de su trabajo.

➤ **El valor** de los valores. *..., pues haciendo esto te salvarás a ti mismo y a los que te escuchan* (v. 16). La tarea del liderazgo pone en juego cosas muy trascendentes: la voluntad y el plan de Dios, nuestra propia vida, la vida de los demás. Un mal líder puede echar a perder la vida de otro ser humano. De hecho, observando a los seguidores de alguien, podemos saber la clase de líder que es. Así dijo el Señor (Lucas 7:35).

De este modo, ceñirse a un código de valores o ajustarse a un pacto es importante en el liderazgo. Si los valores que compartimos en este trabajo no llenan tus expectativas, búscate otros mejores, pero no vivas ni ejerzas tu liderazgo sin dirección.

El jefe crea temor, el líder inspira confianza.
El mandar crea resentimiento,
el liderazgo produce entusiasmo.
El jefe dice: "yo"; el líder dice "nosotros".
El jefe busca al culpable;
el líder busca corregir errores.
El jefe ordena cómo...; el líder muestra cómo...
El mandar hace el trabajo tedioso;
el líder hace la tarea interesante.
El jefe se apoya en la autoridad;
el líder confía en la cooperación.
El jefe manda, el líder dirige.
El jefe funciona en el mundo;
el líder es parte del reino de Dios.

La Gran Comisión: Nuestro todo

esús se acercó y les habló diciendo: "Toda autoridad me ha sido dada en el cielo y en la tierra. Por tanto, id, y haced discípulos a todas las naciones, bautizándoles en el nombre del Padre, del Hijo y del Espíritu Santo, y enseñándoles que guarden todas las cosas que os he mandado. Y he aquí, yo estoy con vosotros todos los días, hasta el fin del mundo" (Mateo 28:18-20).

"La Gran Comisión" es el todo de la vida cristiana. Estudiar las implicaciones y alcances de estas que fueron las últimas palabras de nuestro Señor Jesús en el Evangelio de Mateo es una tarea fundamental e indispensable para que la iglesia se levante del sueño y camine hacia los logros para los que fue creada.

Cuando alguien quiere hacer notar la importancia de alguien o de algo lo llama "mi todo"; también se suele usar la expresión "mi sol", o bien "mi vida". ¿Quién o qué es su "todo", hermano? ¿Quién o qué es nuestro "todo" como iglesia? Seguramente que Cristo es el nombre que aparece en nuestra mente después de esta pregunta. Declaramos: *El Señor Jesucristo es nuestro todo.* Pero él no es sólo un buen nombre para pronunciar al final de cada oración; él es nuestro Rey, aquel que manda sobre nuestras vidas. El Soberano de "el reino" al que pertenecemos y nos ha hecho objeto de algunas recomen-

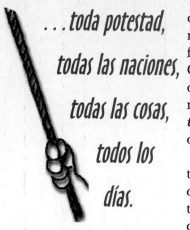

...toda potestad, todas las naciones, todas las cosas, todos los días.

daciones, pero hay una en la que se resumen todos sus deseos en una forma muy práctica: la llamamos "La Gran Comisión". Podemos decir que en un sentido práctico y dinámico, *esta Gran Comisión es nuestro todo* como miembros de la iglesia y del cuerpo de Cristo que somos.

La Gran Comisión es nuestro todo porque resume aquello de lo que se trata la vida cristiana. Define la tarea de cada cristiano en particular y de la iglesia en su conjunto.

Nuestro Señor utilizó el concepto "todo" en varias ocasiones en este pasaje: toda potestad, todas las naciones, todas las cosas, todos los días. Por si fuera poco, sin mencionar la palabra, utilizó este término absoluto implícitamente en otras cosas como lo veremos más adelante.

Sin duda que como jóvenes debemos entender que "La Gran Comisión de Jesús" es "el todo" de la vida cristiana y "el todo" de un cristiano.

Entremos pues al pasaje y veamos TODO lo que nos enseña.

➤ **La Gran Comisión** nos la dio quien tiene toda autoridad. No es la expresión de un deseo solamente, no es una sugerencia, no es una posibilidad; es el mandato de quien ha probado tener **toda** la autoridad. Su autoridad se autentificó al gobernar sobre los fenómenos materiales, sobre los espíritus, sobre las enfermedades, sobre los rituales religiosos y finalmente sobre la muerte. No hay duda de la autoridad que le asiste; así que no debe caber duda alguna sobre la urgencia de obedecerle.

Los empleados obedecen las órdenes de sus gerentes o patrones, los esclavos los deseos de los amos, los hijos las recomendaciones de sus padres y algunos estudiantes las enseñanzas de sus profesores; cuánto más nosotros debemos obedecer la voz de nuestro Rey Jesucristo.

➤ **La Gran Comisión** nos fue dada a todos los discípulos de Cristo. Todo cristiano está incluido entre los que recibieron este mandato, esta comisión. Nadie se escapa a la necesidad y urgencia de obedecerlo.

El Señor resucitado podría haber permanecido en el mundo y con el milagro de la resurrección haber convencido a todos de que le siguieran y se entregaran a él, pero su plan incluía a alguien más. Nos incluía a nosotros sus seguidores. Él desea que le sigamos por fe y para ello quiere usarnos a nosotros.

➤ **La Gran Comisión** es una tarea para todo el tiempo. La palabra que se traduce en nuestra versión "Id", es en realidad un verbo que podría traducirse *"yendo"* o *"mientras van"*, *"en tanto que van"*, refiriéndose a una tarea cotidiana. No se trata de establecer una campaña y en un tiempo especial dedicarnos a compartir de Jesús a los demás. Se trata de que, mientras hacemos lo que hacemos regularmente en nuestra vida, trabajo, escuela, etc., compartamos con los que nos rodean la verdad de Dios que ha cambiado nuestra vida.

Este fue el éxito de los cristianos del primer siglo. Sin campañas evangelísticas, sin programas de radio, sin folletos, sin conciertos y sin muchos recursos que ahora tenemos, crecieron en una forma impresionante porque compartían su experiencia con Jesús en una forma cotidiana.

Debemos hacer de "La Gran Comisión" un estilo de vida y no sólo una actividad (Juan 7:36).

➤ **La Gran Comisión** nos desafía a incluir a todo el mundo. Los familiares, vecinos, amigos y compañeros de escuela o trabajo son nuestro "Oikos", nuestro círculo de influencia más cercano, nuestro mundo inmediato. Pero nuestra responsabilidad no termina allí: somos responsables de que el evangelio llegue a toda criatura, por muy lejos que se encuentre. Cumpliendo con nuestra responsabilidad más inmediata colaboramos también para que el evangelio llegue hasta lo último de la tierra, en razón de que la dinámica es de "El reino de Cristo". Es un poder transformador que corre y fluye a través de los seres humanos (Romanos 1:16; Juan 7:38).

No entender y no participar en esta dinámica es obstaculizar la obra de Dios y hacer menos su deseo expresado en la Gran Comisión.

Cuando hacemos de "La Gran Comisión" nuestro todo, pasamos a formar parte del desarrollo de un plan divino, el plan de la historia, el plan de Dios.

➤ **La Gran Comisión** consiste en inundar a todo el mundo de Dios. Cuando el Señor habló de bautizar en el nombre del Padre, del Hijo y del Espíritu Santo, no sólo se refería a la fórmula del bautismo cristiano; más bien se refería a esa tarea del cristiano que consiste en inundar o bautizar a todos aquellos con los que se rodea de *Dios.*

Es una tarea entonces en la que no sólo se trata de compartir una doctrina o una lista de conceptos; se trata de compartir el conocimiento de una persona, una persona que nos ha inundado con la presencia de su Santo Espíritu y que nuestra experiencia con él es tan intensa que involuntariamente se nos derrama desde nuestra vida y alcanza a inundar a otras personas.

Bautizar es "sumergir", "zambullir", "meter dentro de"; así que bautizar a todos significa vivir de tal manera que otras personas sean sumergidas en los valores y principios de la vida cristiana. Es la tarea de influir con nuestro diario vivir a los que nos rodean.

Es triste que muchos cristianos se conformen con compartir religión, compartir tradiciones, compartir teología, conceptos, o doctrina: Esto es bueno, pero deberían compartir a toda la persona de Dios, y esto sólo se puede hacer si se ha disfrutado de su amor de Padre, la salvación de él como Hijo, y la presencia de su Santo Espíritu en la vida diaria.

➤ **La Gran Comisión** consiste en enseñar todas las cosas. El Señor no enseñó sólo doctrina. Cuando estudiamos los evangelios, notamos que sus enseñanzas fueron más sobre relaciones, sobre comportamiento, sobre ética y moral que sobre teología.

Le preocupa más cómo nos portamos que lo que sabemos. Esto significa que su enseñanza no es algo estático y sólo para la mente; más bien se trata de algo dinámico que tiene que ver con la voluntad. En efecto nos enseñó a vivir.

Esto es justamente lo que debemos nosotros hacer: compartir el estilo de vida que Jesús nos enseñó. La "Gran Comisión" es compartir vida.

➤ **La Gran Comisión** es una tarea para la que contamos con la presencia de Cristo todos los días. Encargarle a once asustados discípulos la tarea de conquistar el mundo no era nada sencillo. Había que ofrecerles algo para garantizar su esfuerzo y su éxito. Qué mejor que la magnífica presencia de aquel que había vencido la muerte.

Cuando nos proponemos realizar "La Gran Comisión", podemos estar seguros de la presencia de aquel que nos dio el mandato. De hecho, no necesitamos pedirle que nos ayude, porque el trabajo es de él, la idea es de él. Más bien nosotros somos los que le estamos ayudando. "La Gran Comisión" es la mejor manera de estar seguros de la presencia de Jesús, porque él siempre está ocupado en ello. Si estamos metidos en la tarea expresada en "La Gran Comisión, seguramente Jesús estará allí.

" " El desafío: *" "*

El que tiene **toda** la autoridad nos ordena a **todos** nosotros, que **todo** el tiempo que vivamos, hagamos **todo** lo necesario para que **todo** el mundo le conozca y sea su discípulo; para que "**todo**" Dios inunde a **todos** los seres humanos y conozcan **todas** las cosas que él nos ha enseñado. Nos promete, querido joven, además, estar con nosotros **todos** los días.

Tú y yo, como sus discípulos, podemos comenzar a hacerlo; podemos comenzar a obedecerle, cumpliendo "La Gran Comisión".

Ya que este mandato expresa **todo** el deseo de Dios, hagamos de él, **el todo de nuestra vida.**

Lucas 7:11-17

¡Levántate, valiosa juventud!

¿**H**ay algo más triste que la muerte de un ser humano en plenitud de la vida? Aún más, si se trata del único hijo de una viuda. ¡Qué escena más triste! Un cortejo fúnebre seguramente presidido por un grupo de "lloronas profesionales" la gente del pueblo y una mujer con vestidos luctuosos y el corazón hecho pedazos. El Señor, al verla, **se compadeció** de ella. La palabra más profunda del griego para representar la empatía es la que se utiliza aquí; se usa regularmente en todos los evangelios para representar los sentimientos de nuestro Señor ante el dolor humano. **"No llores"** es una construcción gramatical imperativa, pero no es una orden; es más bien una petición cargada de esperanza. Como si el Señor le dijera: "Ya no tienes por qué llorar, estoy aquí para cargar tu pena y para extraer vida de la muerte".

Aquel joven estaba a punto de ser sepultado. Para algunos intérpretes no estaba muerto sino en estado cataléptico; para otros, había fallecido recientemente. De cualquier manera, nuestro Señor hizo un milagro en su vida y le libró de la muerte real. El Señor reclamó como suyo lo que la muerte había tomado como su presa. San Agustín decía que en la resurrección de Lázaro, Jesús lo llamó por su nombre, porque de no haber sido así, todos los muertos hubieran obedecido al poder de su palabra. Esto se aplica también a este milagro; se dirige al joven directa y específicamente.

Por otro lado, esta no es la primera vez que nuestro Señor muestra su interés por los jóvenes. En el caso del joven rico (Marcos 10:21) dice que le amó. Querido joven, Dios te ama a ti y se interesa seriamente en tu vida. Si te preguntas las razones, he aquí tres respuestas contundentes:

➢ **Porque en ti** están puestas muchas esperanzas. *Aconteció que poco después él fue a la ciudad que se llama Naín. Sus discípulos y una gran multitud le acompañaban. Cuando llegó cerca de la puerta de la ciudad, he aquí que llevaban a enterrar un muerto, el único hijo de su madre, la cual era viuda. Bastante gente de la ciudad la acompañaba. Y cuando el Señor la vio, se compadeció de ella y le dijo: No llores* (vv. 11-13). El Señor pronto se dio cuenta de la situación que prevalecía en aquella tragedia. Se trataba de una viuda para la que seguramente su único hijo, era a la vez su único sustento. Al dolor de la muerte había que añadirle el de la desesperanza. ¿Qué habría de hacer ahora? Aquel joven difunto llevaba consigo ilusiones, metas, anhelos y esperanzas de una madre.

Todos nosotros somos la esperanza de alguien. Somos la motivación de sentimientos para alguien, somos la preocupación de alguien, somos el motivo de alegría y de tristeza de alguien, somos el motivo de oración más intenso de alguien.

Estás equivocado cuando piensas que a nadie le interesas; estás equivocado cuando te sientes inútil. Tu país, tu familia, tu iglesia, tu pastor, la vida misma tiene sus esperanzas puestas en ti.

➢ **Porque eres** un regalo de Dios para alguien. *Entonces el que había muerto se sentó y comenzó a hablar. Y Jesús lo entregó a su madre* (v. 15). Qué interesante; tocó el féretro que debió ser tejido de fibra vegetal como una canasta. Y los que lo cargaban se detuvieron sorprendidos. No era normal que alguien tocara un cadáver. Tendría que purificarse para quitarse la inmundicia ritual. Además, Jesús le habló al joven, algo todavía más ilógico. Pero el que había muerto ¡se levantó! Después Jesús lo entregó a su madre. Es raro que alguien desconocido toque el cadáver de un funeral en el que no tiene parte. Es más raro que le hable, pero no hay nada que se compare a lo extraño que resulta en que el cadáver cobre vida. El Señor sí que hace cosas raras. Ahora bien, el mensaje está claro: somos propiedad de alguien, no somos personas sin dueño. Dios nos ha dado como regalo a por lo menos una persona y tal vez a muchas. Nuestra existencia tiene propósito en relación a otras personas. Por eso hay quien puede decir que somos **su** hijo(a), o **su** hermano(a), **su** padre, **su** esposo(a), **su** compañero(a).

...el mensaje está claro: somos propiedad de alguien,...

Definitivamente, si morimos antes de que Cristo venga, dejaremos un vacío difícil de llenar y habrá quien llore por nosotros. Joven, eres un regalo para la vida. No te vayas a ir sin que se abra; tampoco malgastes la vida sin que tu tesoro sea compartido.

➤ **Porque eres** una señal de la obra de Dios. *El temor se apoderó de todos, y glorificaban a Dios diciendo: —¡Un gran profeta se ha levantado entre nosotros! ¡Dios ha visitado a su pueblo!—. Y esto que se decía de él se difundió por toda Judea y por toda la tierra de alrededor* (vv. 16, 17). Sin duda que este pasaje es uno de los más hermosos de todo el Nuevo Testamento. En medio de la limitación humana, nos recuerda de la compasión de nuestro Señor. También nos ayuda a reconocer su gran poder. La gente de aquella época se sorprendió al ver aquel milagro, mucho más que nosotros al leerlo. Reconocieron la misión profética del Señor y comprendieron la presencia del Todopoderoso en sus vidas.

Hermano, eso y más puede hacer Dios con nuestra vida. Dios nuestro Padre, visita nuestra calle, nuestra ciudad, nuestra patria y nuestro mundo. Nosotros somos los instrumentos para que esto sea conocido por todos. Él se manifiesta en nosotros y por medio de nosotros. Nuestro Señor muestra su obra en el mundo con nosotros como ejemplo. Somos en el mundo, su "proyector", su "franelógrafo", su "pizarrón", su "muestra", su "señal".

" " El desafío: " "

Un joven malhumorado se quejaba de la vida:

—¡Ah, si yo hubiera nacido con mejor suerte! Pero nací sin un centavo. ¿Qué voy a lograr? Prefiero morir.

Un sabio viejo lo escuchaba, se acercó a él y le dijo:

—Conque se siente pobre, ¿verdad?

El joven asintió:

—Le ofrezco 50.000 pesos por cada una de sus manos.

—Ni loco, dijo el joven:

—¿Qué tal 100.000 pesos por cada una de sus piernas?

—Olvídelo, replicó.

—Un millón de pesos por cada uno de sus ojos.

—Nunca.

—Entonces, ¿de dónde saca usted que nació pobre? Es usted un millonario si considera todo lo que Dios le ha dado. Deje de renegar y viva con urgencia el tiempo que Dios le ha de conceder.

Esta historia es tan conocida como cierta e importante. El problema es que muchas personas se han metido en un sarcófago de egoísmo, de profunda tristeza, de amargura, de negligencia, de incredulidad, de apatía, de irresponsabilidad, de vicio, de pecado o de esclavitud y llevan su vida camino a la sepultura. Recuerda: **En ti están puestas las esperanzas de alguien, tú eres un regalo para alguien, tu vida es una señal que Dios quiere usar para demostrar su amor y su poder.** Escucha su voz que te dice:

**"Joven, a ti te digo:
¡Levántate!".**

¿Y tú, ¿qué decides?

"**V**enid y ved". Así dijo el Señor a sus primeros discípulos. Se trata de una invitación a experimentarle, a vivenciar su evangelio en nuestra propia vida. Tenemos que reconocer que toda la Biblia es una invitación a seguir al Hijo de Dios. En el Nuevo Testamento aparece la palabra "sígueme" en 12 ocasiones y en 11 de ellas es Jesús el que habla invitando a algún ser humano a ser un discípulo. Sólo en una ocasión se trata de un ángel guiando a Pedro (Hechos 12:8). **"¡Sígueme!"**, sigue diciendo el Nazareno a todos los hombres y mujeres del día de hoy, especialmente a los jóvenes. Pero en medio de la confusión religiosa y filosófica de nuestro tiempo, en medio de la superficialidad e inmoralidad de vida, hay muchos que creen que están siguiendo la verdad, cuando en realidad están siguiendo a una religión, a un maestro equivocado, a una mentira, a un engaño o a alguna otra cosa. Lo peor es que hay algunos que no están siguiendo a nada.

Hay quienes en su egoísmo creen que se están siguiendo a sí mismos. Lo que no saben es que tal cosa es absurda; es como pretender seguir nuestro reflejo en un espejo. En tal caso nuestro rumbo carecería de propósito y dirección. Todas las personas en este mundo, pero especialmente los jóvenes, necesitan tomar una decisión respecto a quién han de seguir en la vida.

En los Evangelios encontramos a muchas personas que se encontraron con Jesús y tuvieron la gloriosa oportunidad de seguirle. Algunos decidieron hacerlo y caminaron con él hasta la muerte; otros decidieron dejarle. Analicemos las decisiones de algunos de estos casos y tratemos de identificarnos con ellos:

▟▟ El rey Herodes. *Después que ellos partieron, he aquí un ángel del Señor apareció en sueños a José, diciendo: "Levántate; toma al niño y a su madre, y huye a Egipto. Quédate allá hasta que yo te diga, porque Herodes va a buscar al niño para matarlo"* (Mateo 2:13). Un gobernante inseguro y malo; le tenía miedo y quiso deshacerse de él sin lograrlo.

▟▟ Los magos de oriente. *Jesús nació en Belén de Judea, en días del rey Herodes. Y he aquí unos magos vinieron del oriente a Jerusalén, preguntando: ¿Dónde está el rey de los judíos, que ha nacido? Porque hemos visto su estrella en el oriente y venimos para adorarle* (Mateo 2:1, 2). Un grupo de hombres estudiosos de la naturaleza y la ciencia de ese entonces experimentaron la revelación de su llegada y le buscaron para seguirle.

▟▟ El joven rico. *Jesús, al oírlo, le dijo: Aún te falta una cosa: vende todo lo que tienes y repártelo a los pobres, y tendrás tesoro en el cielo; y ven, sígueme. Entonces él, al oír estas cosas, se entristeció mucho, porque era muy rico* (Lucas 18:22, 23). No pudo vencer la soberbia (se creía muy santo), no pudo vencer el egoísmo (le importaban poco los demás), no pudo vencer su materialismo (era un esclavo de los bienes) y a pesar del gran amor de Dios para su vida, decidió seguir su rumbo y no a Jesús. Dudamos que le podamos ver en el cielo.

▟▟ Los apóstoles. *Entonces Pedro dijo: He aquí, nosotros hemos dejado lo nuestro y te hemos seguido. Y él les dijo: De cierto os digo que no hay nadie que haya dejado casa, mujer, hermanos, padres, o hijos por causa del reino de Dios, que no haya de recibir muchísimo más en este tiempo, y en la edad venidera, la vida eterna* (Lucas 18:28-30). Dejaron todo por el Señor pero encontraron mucho más. Son el fundamento de nuestra fe y con excepción de Judas, les veremos en el cielo.

▪▪ Muchos que le abandonaron. *Entonces, al oírlo, muchos de sus discípulos dijeron: Dura es esta palabra; ¿quién la puede oír?... Desde entonces, muchos de sus discípulos volvieron atrás, y ya no andaban con él* (Juan 6:60, 66). Cuando entendieron que se trataba de algo más que ser testigo de los milagros del Señor y mucho más que ser alimentados "de a gratis", cuando escucharon los costos de vida del discipulado que el Señor les ofrecía y entendieron que se trataba de un compromiso integral, prefirieron abandonarlo que seguirlo. Nunca llegaron esas personas ser parte del reino de Cristo a pesar de que le conocieron personalmente.

▪▪ El apóstol Pedro. *Entonces Jesús dijo a los doce: ¿Queréis acaso iros vosotros también? Le respondió Simón Pedro: Señor, ¿a quién iremos? Tú tienes palabras de vida eterna* (Juan 6:67, 68). Reconoce que la única opción de la vida es seguir a Jesús, que después de él no hay nada que valga la pena para vivir por ello.

▪▪ Un leproso sanado. *Entonces uno de ellos, al ver que había sido sanado, volvió, glorificando a Dios en alta voz. Y se postró sobre su rostro a los pies de Jesús, dándole gracias. Y éste era samaritano* (Lucas 17:15, 16). Un samaritano que, al experimentar un milagro en su piel, quiere también experimentar un milagro en su corazón. Fue sanado y salvado eternamente.

▪▪ Nueve leprosos sanados. *Y respondiendo Jesús dijo: ¿No eran diez los que fueron limpiados? Y los nueve, ¿dónde están? ¿No hubo quien volviese y diese gloria a Dios, sino este extranjero?* (Lucas 17:17, 18). Nueve judíos que se conformaban con la salud de la piel y se olvidaron de su sanador; ni a dar gracias regresaron. Me pregunto: ¿Qué hicieron cuando volvieron a tener problemas de salud? Tal vez le buscaron nuevamente; pero ¿estaría cerca el Señor otra vez?

▪▪ Judas Iscariote. *Mientras él aún hablaba, he aquí vino una multitud. El que se llamaba Judas, uno de los doce, venía delante de ellos y se acercó a Jesús para besarle. Entonces Jesús le dijo: Judas, ¿con un beso entregas al Hijo del Hombre?* (Lucas 22:47). *Le contestaron: A Jesús de Nazaret. Les dijo Jesús: Yo soy. Estaba también con ellos Judas, el que le entregaba* (Juan 18:5). *Entonces Judas, el que le había entregado, al ver* que era condenado, sintió remordimiento y devolvió las treinta piezas de plata a los principales sacerdotes y a los ancianos, diciendo: Yo he pecado entregando sangre inocente. Pero ellos dijeron: ¿Qué nos importa a nosotros? ¡Es asunto tuyo! Entonces él, arrojando las piezas de plata dentro del santuario, se apartó, se fue y se ahorcó (Mateo 27:3-5).

Uno de sus discípulos más cercanos, el tesorero del primer grupo (congregación) de cristianos, en vez de seguirle integralmente, le seguía conforme a sus parámetros. Posiblemente quiso ver en Jesús al Mesías que se esperaba, un Mesías militar que destruiría a los romanos. Al ver al Señor sanando enfermos y caminando sobre el mar pensó en lo poderoso que era, pero se desilusionó al oírle hablar del amor al prójimo y de poner la otra mejilla y de cargar la segunda milla. Algunos creen que incluso lo traicionó, pero no para que lo mataran, sino para obligarlo a combatir contra el imperio. Esto explicaría su actitud y acción al darse cuenta de lo que había provocado. El Señor dijo de él: ...Bueno le fuera a aquel hombre no haber nacido (Mateo 26:24).

▟▟ Unos pescadores. *Después de sacar las barcas a tierra, lo dejaron todo y le siguieron* (Lucas 5:11). Se convirtieron en pescadores de hombres.

▟▟ Un publicano (cobrador de impuestos). *Él, dejándolo todo, se levantó y le siguió* (Lucas 5:28). De traidor a su pueblo pasó a ser discípulo, y posteriormente pagó su deuda compartiendo lo más valioso que tenía: la vida de su Maestro. Y la plasmó en el evangelio de Mateo.

▟▟ Los que no le creían. *Entonces los escribas y los fariseos comenzaron a razonar diciendo: ¿Quién es éste, que habla blasfemias? ¿Quién puede perdonar pecados, sino sólo Dios?* (Lucas 5:21). En varias ocasiones como esta, algunos de los religiosos de su época se resistieron a creer en sus enseñanzas y le rechazaron.

¿Quién puede perdonar pecados, sino sólo Dios?

▟▟ La humanidad. *De nuevo intervino Pilato y les decía: ¿Qué, pues, queréis que haga con el que llamáis "el rey de los judíos"? De nuevo gritaron: ¡Crucifícale! Entonces Pilato les dijo: Pues ¿qué mal ha hecho? Pero lanzaron gritos aún más fuertes: ¡Crucifícale! Entonces Pilato, queriendo satisfacer al pueblo, les soltó a Barrabás y entregó a Jesús, después de azotarle, para que fuese crucificado* (Marcos 15:12-15). Pilato hace la pregunta más trascendente que jamás se le podrá hacer a una persona: *"¿Qué haré con Jesús?"*.

Y la gente de ese momento contestó: *"¡Crucifícale!"*. *"Estando ellos reunidos, Pilato les dijo: ¿A quién queréis que os suelte? ¿A Barrabás o a Jesús, llamado el Cristo?* (Mateo 27:17). *Pero toda la multitud dio voces a una, diciendo: ¡Fuera con éste! ¡Suéltanos a Barrabás!* (Lucas 23:18). *Entonces todos gritaron de nuevo diciendo: ¡No a éste, sino a Barrabás! Y Barrabás era un asaltante* (Juan 18:40).

El gobierno de Roma puso al pueblo a escoger, y el pueblo escogió a Barrabás.

▟▟ ▟▟ El desafío: ▟▟ ▟▟

Cada uno de nosotros tiene que escoger también. Ya vimos algunos ejemplos de las decisiones de diferentes seres humanos que se enfrentaron con el Señor. Nosotros no somos menos responsables que ellos. Puesto que sabemos mucho más del Señor ahora que en ese momento, somos más responsables. Ahora sabemos de las consecuencias exactas de una mala decisión, ahora tenemos claro lo que significa seguirle o abandonarle, ahora tenemos que decidir igual que ellos: ¿Qué hacemos con Jesús? ¿Quién es Jesús para nosotros? ¿Un hombre que murió en la cruz solamente, o nuestro Señor y Salvador? ¿Le seguiré con todo el corazón o le abandonaré para seguir mis ideas? Antes de que tomes tu decisión, permíteme recomendarte algunas cosas:

Toma tu decisión personalmente. No tomes en cuenta quién te acompaña o está sentado junto a ti. Muchas veces haces cosas malas y no haces cosas buenas por temor a lo que digan "tus amigos". Esta decisión es tuya nada más.

Jesús merece que nos portemos con honor. "No se vale" andarnos con medias tintas con él. Él se dio en un 100%, y no a medias. Con él, es SÍ, o NO. Cualquier otra cosa es abandonarle.

No se trata de emociones y decisiones tomadas al vapor, no se trata de aparentar, no se trata de cumplir con la familia o la iglesia. Se trata de la decisión más importante de la vida.

Tomar la decisión de seguir al Señor Jesús es mucho más que asistir a la iglesia; es aceptarle en el corazón, es dejar que él controle nuestro actuar, es someternos a su voluntad, es dejarnos transformar, es entregarle la vida completamente, es morir nosotros, como decía Pablo, y dejarle vivir en nosotros y por medio de nosotros.

Tomemos nuestra decisión:

El Señor dice: *Si alguno quiere venir en pos de mí, niéguese a sí mismo, tome su cruz cada día, y sígame* (Lucas 9:23).

¿Qué le respondes tú?:

/// /// ///

Que Dios tenga misericordia de ti
y te bendiga conforme a tu decisión.

RECURSOS
PARA JÓVENES

Estos recursos pueden ser
localizados en la librería cristiana
o en: www.editorialmh.org

EDITORIAL MUNDO HISPANO
CASA BAUTISTA DE PUBLICACIONES
Apartado Postal 4256,
El Paso, TX 79914 EE. UU. de A.

Teléfono: (915) 566-9656, Fax: (915) 565-9008
1-800-755-5958 (Pedidos en USA)

Una herramienta sencilla y práctica para el discipulado de los recién convertidos.

ISBN: 0-311-13681-8
128 pp., 8.5" x 11"
Tapa blanda

Fue escrito tomando en cuenta la experiencia de fe natural de la cultura hispana. Un discípulo aprenderá mejor cuando lo que se le enseña tiene que ver con lo que vive. Presenta varios principios clave, incluyendo:

- El principio del encuentro
- El principio de la reproducción
- El principio del propósito final
- El principio del Espíritu Santo.

Gilberto Gutiérrez es pastor de la Iglesia Bautista Horeb en la Ciudad de México, una iglesia que ha tenido gran impacto nacional por muchos años. Es, además, presidente de la Convención Nacional Bautista de México.

www.editorialmh.org

Como siervos de Cristo, nos convertimos en "peligrosos" ...pero, ¿para quién?

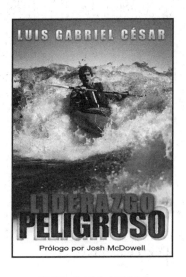

ISBN: 0-311-44000-2
112 pp., 5.5" x 8.25"
Tapa blanda

Como siervos de Cristo, nos convertimos en "peligrosos" para las fuerzas que se oponen al reino de Dios. Pero también podemos ser peligrosos para el reino de Dios cuando nos dejamos llevar por el egoísmo, el culto a la personalidad y otros pecados. El autor nos invita a no conformarnos con los modelos de liderazgo convencional y mediocre, y enfocarnos en ser obedientes a la Palabra de Dios.

Luis Gabriel César es el pastor de la Primera Iglesia Bautista de Ciudad Satélite, México, la cual ha crecido de manera impresionante durante su liderazgo. Este es el segundo libro del autor.

www.editorialmh.org

26 sermones
dinámicos
sobre el
discipulado.

Luis Gabriel César

ISBN: 0-311-43055-4
112 pp., 5.5" x 8.25"
Tapa blanda

Como barro en sus manos ofrece 26 mensajes que están organizados alrededor del tema del discipulado, y guían al lector a considerar los varios aspectos que pueden ayudarle a dejarse formar como barro en las manos del Gran Alfarero. ¡Es un excelente recurso para comunicar el mensaje a personas ya creyentes! También es un libro de lectura para inspiración personal. Algunos de los temas incluidos se titulan: "Como barro en sus manos", "El cambio comienza en ti", "Contagiando al mundo", "Detergente divino", "La toalla y la cubeta", "¡Mirad cuánto se aman!".

www.editorialmh.org